초급에서 중급으로 가는

레벨업 일본어 2

www.shinasa.co.kr
음성파일
MP3
무료다운로드

이시윤 · 임태균 · 아이자와 유카 공저

신아사

머리말

문화콘텐츠 강국 일본은 현재 우리나라 사람들이 가장 많이 찾는 해외 여행지이자 구직자들의 해외취업 선호국가 1순위로 손꼽히는 나라입니다. 취미생활이나 여행, 연수 및 취업 등 다양한 이유로 일본어를 배우고자 하는 것도 역시 사실입니다.

흔히 일본어는 한국어와 어순이 같아 한국인이 익히기 쉬운 외국어라는 인식을 갖고 있습니다. 그러나 어떤 언어나 마찬가지이듯 중급 수준부터는 어휘의 양도 많아지고 문법에 맞는 표현능력을 제대로 갖추어야 하기 때문에 제대로 된 길라잡이가 되어 줄 교재가 반드시 필요합니다. 대부분의 일본어 학습자들이 기초 수준의 일본어를 마치고나서 실력을 막상 한 단계 향상시키고자 할 때 많은 어려움을 호소합니다. 문법을 제대로 익히기도 전에 너무 어려운 단계로 넘어가버리거나 하여 흥미를 잃어버리는 경우도 종종 있기 때문입니다. 기초실력을 탄탄하게 다지면서 자신의 실력을 한 단계 '레벨 업' 할 수 있는 최적의 교재를 찾기란 의외로 쉽지 않습니다.

이 책은 중급 수준의 일본어 커뮤니케이션 능력을 갖출 수 있도록 레벨업 일본어 1권에서 한 단계 '레벨 업'하여 일상생활에 활용할 수 있는 실용적인 일본어 표현을 구사할 수 있도록 구성된 교재입니다.

우선 다양하고 흥미로운 테마를 중심으로 한 독해문을 통해 일본의 사회와 문화 전반에 대해서 소개하고 있으며 독해력 향상을 위한 〈내용 체크〉란을 마련함으로써 본문 내용을 확인할 수 있도록 하였습니다. 또한 본문 내용과 연관성이 있는 〈포인트 회화〉 학습을 통해 일본어 커뮤니케이션 실력 향상을 꾀하였습니다. 〈문법 익히기〉와 〈연습문제〉를 통해서는 문법에 대한 바른 이해와 일본어 활용 능력의 극대화를 노렸습니다. 뿐만 아니라 〈부록〉으로 기초 수준의 일본어 문법사항을 일목요연하게 정리해 놓음으로써 학습자의 편의를 도모하였습니다.

아무쪼록 이 책으로 공부하는 여러분의 일본어 실력이 한 단계 '레벨 업'하여 중급 수준의 일본어 구사능력을 갖추는 데 조금이나마 보탬이 될 수 있기를 바라마지 않습니다.

2018년 8월

레벨업 일본어 저자 일동

레벨업 일본어 ❷

목 차

레벨업 일본어 ❷

이 책의 구성

	테　마	문법, 문형
1과	전통놀이	①~ことにする ②~ことになる ③~ことがある
2과	가라오케	①가능형 ②~ように、~ないように ③~ようになる
3과	낫토	①~くなる、~になる ②~と(조건) ③~ても
4과	주거문화	①~てあげる ②~てくれる、~てもらう ③~てほしい、~ないでほしい
5과	기모노	①~なくてもいい、~なければならない ②~ないで、~なくて ③복합동사
6과	글리코	①~たほうがいい、~ないほうがいい ②~たら どうですか ③관용어구
7과	오키나와	①~らしい(추측) ②명사+らしい ③~でしょう(か)、~かもしれない
8과	지역진흥	수동형(①피해의 수동 ②무생물 수동) ③명사+という+명사
9과	후지산	①사역수동 ②사역형+てください、사역형+ていただけませんか ③~まで、~までに
10과	라이프 스타일	①자동사 ②타동사 ③~ておく
11과	고타츠	존경어(①お~になる、②お~ください、 ③존경을 나타내는 특별 동사)
12과	연하장	겸양어(①お~する、②겸양을 나타내는 특별 동사)

1

けん玉(だま)大会(たいかい)に 参加(さんか)する ことに なりました

❋ 테마 독해 : けん玉(だま)

❋ 주요 학습 내용 :

1. 今度(こんど) 祖母(そぼ)の 家(いえ)へ 行(い)く ことに しました。

2. 来週(らいしゅう) 広島(ひろしま)へ 行(い)く ことに なりました。

3. 時々(ときどき) 暇(ひま)すぎて 困(こま)る ことが あります。

테마 독해

※ 다음 글을 읽고 질문에 답해 봅시다.

- けん玉(だま) -

けん玉(だま)は 日本(にほん)の 伝統遊(でんとうあそ)びの 一(ひと)つだ。昔(むかし)の 遊(あそ)びと 思(おも)って いる 人(ひと)も 多(おお)いが、実(じつ)は、まるで スポーツの ように 今(いま)も たくさんの 人々(ひとびと)が 楽(たの)しんで いる。

けん玉(だま)には レベルに 応(おう)じて 「級(きゅう)」や 「段(だん)」の 検定(けんてい)が ある。検定(けんてい)は 10級(きゅう)から 始(はじ)まり、簡単(かんたん)な 技(わざ)から 難(むずか)しい 技(わざ)まで クリアして いく。

また、けん玉(だま)には 世界大会(せかいたいかい)も ある。「けん玉(だま)ワールドカップ」は 2014年(ねん)から 毎年(まいとし) 広島(ひろしま)で 開(ひら)かれて いて、世界中(せかいじゅう)から たくさんの 選手(せんしゅ)が 参加(さんか)する。けん玉(だま)の 世界一(せかいいち)を 決(き)める 熱(あつ)い イベントだ。

내용 체크

※ 본문을 읽고, 맞는 것에 ○를 하세요.

① けん玉(だま)は 昔(むかし)の 人(ひと)の 遊(あそ)びです。

② 「級(きゅう)」や 「段(だん)」の 検定(けんてい)は レベルが ありません。

③ けん玉(だま)の 世界一(せかいいち)を 決(き)める 世界大会(せかいたいかい)は 日本(にほん)で 開(ひら)かれます。

포인트 회화

① A: 今度(こんど) 祖母(そぼ)の 家(いえ)へ 行(い)く ことに しました。

B: どうしてですか。

A: お手玉(てだま)を 習(なら)いたいからです。

② A: 来週(らいしゅう) 広島(ひろしま)へ 行(い)く ことに なりました。

B: どうしてですか。

A: けん玉大会(だまたいかい)に 参加(さんか)するからです。

③ A: 私(わたし)は 時々(ときどき) 暇(ひま)すぎて 困(こま)る ことが あります。

B: そんな 時(とき)、どうしますか。

A: だるま落(お)としを して 遊(あそ)びます。

새로 나온 말

けん玉(だま): 겐다마(일본의 전통놀이의 하나)
人々(ひとびと): 사람들
段(だん): 단
大会(たいかい): 대회
お手玉(てだま): 오자미(콩을 넣어 만든 전통놀이의 하나)
だるま落(お)とし: 다루마오토시(일본의 전통놀이의 하나)
レベル: 레벨
検定(けんてい): 검정(시험)
ワールドカップ: 월드컵
遊(あそ)び: 놀이
～に 応(おう)じて: ～에 따라
技(わざ): 기술
広島(ひろしま): 히로시마(도시명)
時々(ときどき): 때때로
実(じつ)は: 실은
級(きゅう): 급
クリア: 완수
決(き)める: 결정하다
そんな: 그런

문법익히기

1 ～ことに する

자신의 의지로 어떤 행동을 하게 될 때 쓰는 표현으로, '～하기로 하다'라는 뜻이다.

동사의 기본형	+	ことに する
동사의 ない형		

毎月(まいつき) 少(すこ)しずつ お金(かね)を 貯(た)める ことに しました。

やせるために、ジョギングを する ことに しました。

体(からだ)に 悪(わる)いので、お酒(さけ)を 飲(の)まない ことに しました。

2 ～ことに なる

자신의 의사와 관계없이 환경적인 요인으로 어떤 행동을 하게 될 때 쓰는 말로, '～하게 되다'라는 뜻이다.

동사의 기본형	+	ことに なる
동사의 ない형		

入社式(にゅうしゃしき)で スピーチを する ことに なりました。

4月(がつ)から 名古屋(なごや)の 支店(してん)に 移(うつ)る ことに なりました。

明日(あす)の 会議(かいぎ)は しない ことに なりました。

문법익히기

3 ～ことが ある

어떤 일이 반복적으로 일어날 때 쓰이는 말로, '～(하)는 때가 있다'라는 뜻이다.

동사의 기본형	+	**ことが ある**
동사의 ない형		

時々 人の 名前を 忘れる **ことが あります**。

たまに 寝坊して 授業に 遅れる **ことが あります**。

冬は 水道が 凍って 水が 出ない **ことが あります**。

4 확인하기

보기에서 적당한 말을 골라 써 봅시다.

が あります / に しました / に なりました

① おばの 紹介で 来週 お見合いを する こと(　　　　　　　　)。

② 健康に よく ないので、たばこを やめる こと(　　　　　　　　)。

③ うちの 庭には たまに 黒い 猫が 遊びに 来る こと(　　　　　　　　)。

④ 会社の 人に 誘われて、マラソン大会に 出る こと(　　　　　　　　)。

새로 나온 말

毎月 : 매월
スピーチ : 스피치
水道 : 수도
貯める : 저축하다
支店 : 지점
凍る : 얼다
ジョギング : 조깅
たまに : 가끔
お見合いを する : 맞선을 보다
入社式 : 입사식
寝坊する : 늦잠자다
マラソン : 마라톤

연습문제

1 다음 예와 같이 쓰고 대화해 봅시다.

예 来年(らいねん) 休学(きゅうがく)します / 留学(りゅうがく)します

A: <u>来年(らいねん) 休学(きゅうがく)する</u> ことに しました。

B: どうしてですか。

A: <u>留学(りゅうがく)する</u>からです。

① スーツを 買(か)います / 来週(らいしゅう) 面接(めんせつ)です

A:

B:

A:

② 急行(きゅうこう)に 乗(の)って 行(い)きます / 会議(かいぎ)に 遅(おく)れます

A:

B:

A:

③ 今日(きょう)は 出(で)かけません / 天気(てんき)が よく ありません

A:

B:

A:

새로 나온 말

休学(きゅうがく)する : 휴학하다　　スーツ : 정장　　急行(きゅうこう) : 급행

연습문제

2 다음 예와 같이 쓰고 대화해 봅시다.

예 仕事(しごと)を 辞(や)めます / 結婚(けっこん)します

A: 仕事(しごと)を 辞(や)める ことに なりました。

B: どうしてですか。

A: 結婚(けっこん)するからです。

① しばらく 会社(かいしゃ)を 休(やす)みます / けがを しました

A:

B:

A:

② 大阪(おおさか)に 引(ひ)っ越(こ)しします / 転勤(てんきん)します

A:

B:

A:

③ 校内(こうない)には 駐車(ちゅうしゃ)できません / 工事中(こうじちゅう)です

A:

B:

A:

새로 나온 말

しばらく : 당분간　　転勤(てんきん)する : 전근하다　　校内(こうない) : 교내　　工事中(こうじちゅう) : 공사중

연습문제

3 다음 예와 같이 쓰고 대화해 봅시다.

> **예** 落ち込みます / おいしい 物を 食べに 行く
>
> A: 私は 時々 落ち込む ことが あります。
>
> B: そんな 時、どうしますか。
>
> A: おいしい 物を 食べに 行きます。

① 夜中に 目が 覚めます / 好きな 本を 読む

A:

B: そんな 時、どうしますか。

A:

② 食べすぎて、後悔します / 運動して 忘れる

A:

B: そんな 時、どうしますか。

A:

③ 運転したく ありません / タクシーを 利用する

A:

B: そんな 時、どうしますか。

A:

새로 나온 말

落ち込む : 침울해지다　夜中 : 밤중　目が 覚める : 잠을 깨다　後悔する : 후회하다

2

カラオケで 日本(にほん)の 歌(うた)が 歌(うた)えますか

❋ 테마 독해: 進化(しんか)する カラオケ

❋ 주요 학습 내용 :

1. カラオケで 日本(にほん)の 歌(うた)が **歌(うた)えますか**。
2. 歌詞(かし)を 間違(まちが)わない**ように** 歌(うた)います。
3. 歌(うた)に 合(あ)わせて 踊(おど)れる**ように なりました**。

테마 독해

※ 다음 글을 읽고 질문에 답해 봅시다.

- 進化する カラオケ -

ある 雑誌に「進化を 続ける カラオケの テクノロジー」と いう 特集が 載った。それを 見ると、最近の カラオケは 昔とは ずいぶん 違うようだ。カラオケ画面の 背景を 自由に 変えられたり、楽器の ボタンを 選ぶと その 楽器を 演奏する 感覚を 楽しめたり する。また、ゆっくり 食事や 映画を 楽しめる「歌わない カラオケ」も あるそうだ。さらに、カラオケで 英会話の レッスンを 受けられる サービスまで あると いう。 これには 本当に 驚く。これからの カラオケの 進化が 楽しみだ。

내용 체크

※ 본문을 읽고, 맞는 것에 ○를 하세요.

① ある 新聞に カラオケに ついての 特集が 載った。

② 最近の カラオケは 昔と あまり 変わらない。

③ 最近は カラオケで 英会話の レッスンを 受けることも できる。

포인트 회화

① A：カラオケで 日本の 歌が 歌えますか。

B1：はい、歌えます。

B2：いいえ、歌えません。

② A：歌詞を 間違わないように、何を しますか。

B：歌詞を 間違わないように、メモを 見ます。

③ A：歌に 合わせて 踊れますか。

B：はい、前は 踊れませんでしたが、今は 踊れるように なりました。

새로 나온 말

進化 : 진화
画面 : 화면
感覚 : 감각
歌詞 : 가사
テクノロジー : 테크놀러지
背景 : 배경
さらに : 게다가
間違う : 틀리다
特集 : 특집
楽器 : 악기
レッスン : 레슨
メモ : 메모
載る : 실리다
演奏する : 연주하다
サービス : 서비스

문법익히기

1 가능형

1그룹 동사는 기본형 어미를 **え**단으로 바꾸어 **る**를 붙이고, 2그룹 동사는 기본형 어미 **る**를 떼고 **られる**를 붙인다. 3그룹 동사는 **来る**는 **来られる**, **する**는 **できる**가 된다.

		기본형	가능형
1그룹 동사	え단 + る	泳(およ)ぐ	泳(およ)げる
		読(よ)む	読(よ)める
		登(のぼ)る	登(のぼ)れる
		話(はな)す	話(はな)せる
2그룹 동사	~~る~~ + られる	信(しん)じる	信(しん)じられる
		答(こた)える	答(こた)えられる
3그룹 동사	–	来(く)る	来(こ)られる
		する	できる

2 ～ように、～ないように

～ように는 동사의 기본형에 연결될 때는 '～하도록', **ない**형에 연결될 때는 '～하지 않도록'이라는 뜻을 나타낸다.

동사의 기본형 동사의 **ない**형	+ **ように**

窓(まど)から風(かぜ)が入(はい)る**ように**、カーテンを開(あ)けます。

約束(やくそく)を忘(わす)れない**ように**、手帳(てちょう)に書(か)きます。

これ以上(いじょう)太(ふと)らない**ように**、ダイエットします。

문법익히기

3 ～ように なる

상태의 변화를 나타내는 표현으로 기본형에 연결될 때는 '～하게 되다', 가능형에 연결될 때는 '～을 할 수 있게 되다'라는 뜻을 나타낸다.

동사의 기본형 동사의 가능형	+ ように なる

この頃(ごろ) 自転車(じてんしゃ)に 乗(の)るように なりました。 (기본형)

やっと 自転車(じてんしゃ)に 乗(の)れるように なりました。(가능형)

日本語(にほんご)で あいさつが できるように なりました。

4 확인하기(가능형)

예와 같이 빈칸에 알맞은 말을 써 봅시다.

1그룹 동사	예) 使(つか)う → 使(つか)える	動(うご)く → (　　　)
	かむ → (　　　)	塗(ぬ)る → (　　　)
2그룹 동사	起(お)きる → (　　　)	借(か)りる → (　　　)
	教(おし)える → (　　　)	調(しら)べる → (　　　)
3그룹 동사	来(く)る → (　　　)	理解(りかい)する → (　　　)

새로 나온 말

カーテン : 커튼　手帳(てちょう) : 수첩　以上(いじょう) : 이상　やっと : 겨우

あいさつ : 인사　動(うご)く : 움직이다　かむ : 물다, 씹다　塗(ぬ)る : 바르다

연습문제

1 다음 예와 같이 쓰고 대화해 봅시다.

예 カードで 払(はら)う

A: カードで 払(はら)えますか。

B1: はい、払(はら)えます。

B2: いいえ、払(はら)えません。

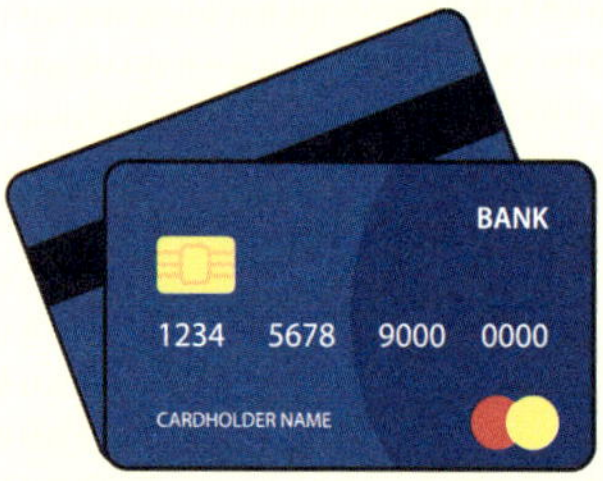

① 「やおや」を 漢字(かんじ)で 書(か)く

A:

B1:

B2:

② 一人(ひとり)で 浴衣(ゆかた)を 着(き)る

A:

B1:

B2:

③ オートバイを 運転(うんてん)する

A:

B1:

B2:

새로 나온 말

カード : (신용)카드　　八百屋(やおや) : 채소가게　　オートバイ : 오토바이

연습문제

2 다음 예와 같이 쓰고 대화해 봅시다.

예 留学(りゅうがく)できます / 勉強(べんきょう)を 頑張(がんば)る

A: <u>留学(りゅうがく)できる</u>ように、何(なに)を しますか。

B: <u>留学(りゅうがく)できる</u>ように、<u>勉強(べんきょう)を 頑張(がんば)り</u>ます。

① 公演(こうえん)に 間(ま)に 合(あ)います / 早(はや)く 起(お)きる

A:

B:

② 道(みち)に 迷(まよ)いません / 地図(ちず)を 用意(ようい)する

A:

B:

③ 将来(しょうらい) 困(こま)りません / 資格(しかく)を 取(と)る

A:

B:

④ 風邪(かぜ)を 引(ひ)きません / 何(なん)でも よく 食(た)べる

A:

B:

새로 나온 말

迷(まよ)う: 헤매다　用意(ようい)する: 준비하다　将来(しょうらい): 장래　何(なん)でも: 무엇이든

연습문제

3 다음 예와 같이 쓰고 대화해 봅시다.

예 ケーキを 焼(や)く

A: ケーキが 焼(や)けますか。

B: はい、前(まえ)は 焼(や)けませんでしたが、今(いま)は 焼(や)けるように なりました。

① みそ汁(しる)を 作(つく)る

A:

B:

② 日本語(にほんご)の 漢字(かんじ)を 読(よ)む

A:

B:

③ きれいに アイロンを かける

A:

B:

④ 英語(えいご)の ニュースを 聞(き)き取(と)る

A:

B:

새로 나온 말

焼(や)く : 굽다　　みそ汁(しる) : 된장국　　アイロンを かける : 다리미질을 하다

聞(き)き取(と)る : 알아듣다

3

納豆(なっとう)を 食(た)べて、
体(からだ)が 丈夫(じょうぶ)に なりました

※ 테마 독해: 納豆(なっとう)

※ 주요 학습 내용:

1. 毎日(まいにち) 納豆(なっとう)を 食(た)べて、体(からだ)が 丈夫(じょうぶ)に なりました。
2. 納豆(なっとう)に 生卵(なまたまご)を 入(い)れると、おいしく なります。
3. お腹(なか) いっぱい 食(た)べても、眠(ねむ)く なりません。

테마 독해

※ 다음 글을 읽고 질문에 답해 봅시다.

- 納豆 -

納豆は 健康に とても よく、がんなど 色々な 病気の 予防に なると言われて いる。しかし、日本人の 全部が 納豆を よく 食べる わけではない。西日本の 人たちは 東日本の 人たちに 比べ、納豆が あまり 好きではないと いう 調査結果が ある。冷蔵庫が 普及する 前は、暖かい 地方では 納豆が 作りにくかったそうだ。それが 理由かも しれない。

納豆には 色々な 食べ方が ある。生卵を 入れたり、砂糖を 入れる 所も ある。変に 感じるかも しれないが、外の 国の 食べ物や 食べ方の 違いを 尊重する ことは とても 大切な ことだ。

내용 체크

※ 본문을 읽고, 맞는 것에 ○를 하세요.

① 西日本の 人たちは 納豆を よく 食べます。

② 暖かい 地方では 納豆が 作りやすかったそうだ。

③ 納豆に 生卵を 入れたり、砂糖を 入れる 所もある。

포인트 회화

① A: 毎日(まいにち) 納豆(なっとう)を 食(た)べました。どうなりましたか。

B: 毎日(まいにち) 納豆(なっとう)を 食(た)べて、体(からだ)が 丈夫(じょうぶ)に なりました。

② A: 納豆(なっとう)に 生卵(なまたまご)を 入(い)れると、どう なりますか。

B: 納豆(なっとう)に 生卵(なまたまご)を 入(い)れると、おいしく なります。

③ A: お腹(なか) いっぱい 食(た)べたら、眠(ねむ)く なりますか。

B: いいえ、お腹(なか) いっぱい 食(た)べても、眠(ねむ)く なりません。

새로 나온 말

がん : 암
〜など : 〜등
予防(よぼう) : 예방
しかし : 그러나
〜わけでは ない : 〜것은 아니다
西日本(にしにほん) : 서일본
東日本(ひがしにほん) : 동일본
普及(ふきゅう)する : 보급되다
理由(りゆう) : 이유
生卵(なまたまご) : 날계란
感(かん)じる : 느끼다
違(ちが)い : 차이
尊重(そんちょう)する : 존중하다

문법익히기

1 ～く/～になる

변화를 나타내는 표현으로 '～하게 된다'라는 뜻이다.

い형용사:	어간(い)く	
な형용사:	어간(だ)に	+ なる
명 사:	に	

何(なん)だか 眠(ねむ)く なりました。

仕事(しごと)に 慣(な)れて だいぶ 楽(らく)に なりました。

うちの 妹(いもうと)は もうすぐ 20歳(はたち)に なります。

2 ～と

'～と'는 기본적으로 어떤 상황이 생기면 그 다음 상황이 반복적으로 일어날 일상적인 경우에 사용되며 '～면'이라는 뜻이다.

동 사:	기본형	
い형용사:	기본형	+ と
な형용사:	어간だ	
명 사:	だ	

あの 角(かど)を 曲(ま)がると、大使館(たいしかん)が あります。

天気(てんき)が いいと 富士山(ふじさん)が 見(み)えます。

店員(てんいん)が 親切(しんせつ)だと また 行(い)きたく なります。

信号(しんごう)が 赤(あか)だと 渡(わた)れません。

문법익히기

3 ～ても

'～ても'는 역설의 뜻을 나타내며 '～라도'라는 뜻이다.

명　　사:	명사 + **でも**
な형용사:	어간 + **でも**
い형용사:	어간 + **くても**
동　　사:	**て**형 + **も**

その 仕事(しごと)は 僕(ぼく)**でも** できます。

恥(は)ずかしくて、好(す)き**でも** 好(す)きだと 言(い)えません。

いくら 痛(いた)**くても** 我慢(がまん)します。

覚(おぼ)え**ても** すぐ 忘(わす)れて しまいます。

새로 나온 말

何(なん)だか: 어쩐지
20歳(はたち): 20세
赤(あか): 빨강
いくら: 아무리
慣(な)れる: 익숙해지다
角(かど): 길모퉁이
渡(わた)る: 건너다
我慢(がまん)する: 참다
だいぶ: 상당히
曲(ま)がる: 돌다
僕(ぼく): 나(남자의 말)
もうすぐ: 이제 곧
大使館(たいしかん): 대사관
恥(は)ずかしい: 부끄럽다

연습문제

1 다음 예와 같이 쓰고 대화해 봅시다.

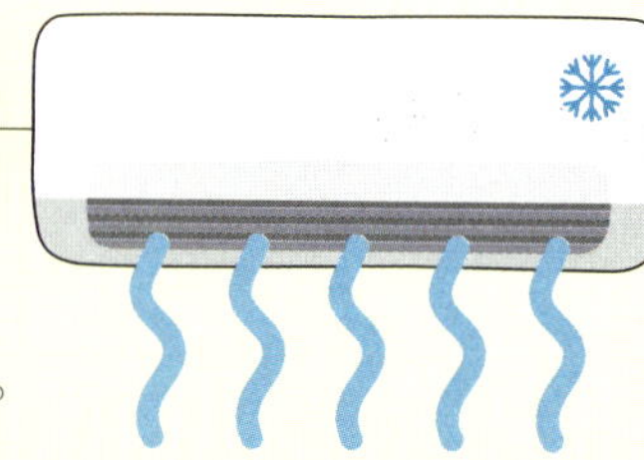

예 冷房(れいぼう)を つける / 涼(すず)しい

A: 冷房(れいぼう)を つけました。 どうなりましたか。

B: 冷房(れいぼう)を つけて、 涼(すず)しく なりました。

① ケータイが 落(お)ちる / おかしい

A:

B:

② 仕事(しごと)に 慣(な)れる / 楽(らく)だ

A:

B:

③ エスカレーターが できる / 便利(べんり)だ

A:

B:

④ 恋人(こいびと)に うそを つく / けんか

A:

B:

새로 나온 말

冷房(れいぼう) : 냉방　　落(お)ちる : 떨어지다　　おかしい : 이상하다, 웃기다

エスカレーター : 에스컬레이터

연습문제

2 다음 예와 같이 쓰고 대화해 봅시다.

예 毎日(まいにち) 笑(わら)います / 健康(けんこう)です

A: 毎日(まいにち) 笑(わら)うと、どう なりますか。

B: 毎日(まいにち) 笑(わら)うと、健康(けんこう)に なります。

① 梅雨(つゆ)が 終(お)わります / 暑(あつ)いです

A:

B:

② お酒(さけ)を 飲(の)みます / 顔(かお)が 赤(あか)いです

A:

B:

③ 祭(まつ)りが 始(はじ)まります / にぎやかです

A:

B:

④ ストレスが たまります/ 病気(びょうき)です

A:

B:

새로 나온 말

梅雨(つゆ): 장마　　赤(あか)い: 빨갛다　　たまる: 쌓이다

연습문제

3 다음 예와 같이 쓰고 대화해 봅시다.

예 寒(さむ)い / 暖房(だんぼう)を つける

A: 寒(さむ)かったら、暖房(だんぼう)を つけますか。

B: いいえ、寒(さむ)くても、暖房(だんぼう)を つけません。

① 駅(えき)から 近(ちか)い / この 家(いえ)に 住(す)む

A:

B:

② 歌(うた)が 上手(じょうず)だ / カラオケに 行(い)く

A:

B:

③ 年(とし)を とる / 仕事(しごと)を やめる

A:

B:

④ 体重(たいじゅう)が 増(ふ)える / 気(き)に する

A:

B:

새로 나온 말

暖房(だんぼう): 난방　　年(とし)を 取(と)る: 나이를 먹다　　体重(たいじゅう): 체중　　増(ふ)える: 늘다

気(き)に する: 신경 쓰다

4

佐藤(さとう)さんが 和室(わしつ)を 見(み)せて くれました

※ 테마 독해: アパート
※ 주요 학습 내용:

1. 私(わたし)は 友(とも)だちに こたつを 買(か)って あげました。
2. 佐藤(さとう)さんは 私(わたし)に 和室(わしつ)を 見(み)せて くれました。
3. イさんに 引(ひ)っ越(こ)しを 手伝(てつだ)って ほしいです。

테마 독해

※ 다음 글을 읽고 질문에 답해 봅시다.

- アパート -

韓国では 高層マンションの ことを「アパート」と 言うが、日本では アパートと 言うと 2階建ての 共同住宅を 指す。高層マンションは 日本にも あるが、韓国ほど 多くは ない。特に、韓国の ように 高層マンションが 集まって 大きな 団地を 作って いる 所は 少ない。

日本では 多くの 人が 一戸建ての マイホームを 夢見て いる。一戸建ての 家には 普通 和室と 呼ばれる 畳の 部屋が ある。和室では 床の間や 押し入れ、ふすまなど、昔からの 日本の 住宅の 特徴を 見る ことができる。

내용 체크

※ 본문을 읽고, 맞는 것에 ○를 하세요.

① 日本と 韓国では 「アパート」の 意味が 違う。

② 高層マンションは 日本より 韓国の 方が 少ない。

③ 日本では 多くの 人が 一戸建ての マイホームを 持ちたいと 思って いる。

포인트 회화

① A: あなたは 友(とも)だちに 何(なに)を して あげましたか。

B: 私(わたし)は 友(とも)だちに 掛(か)け軸(じく)を 買(か)って あげました。

② A: 佐藤(さとう)さんは あなたに 何(なに)を して くれましたか。

B: 佐藤(さとう)さんは 私(わたし)に 和室(わしつ)を 見(み)せて くれました。

③ A: イさんに 何(なに)を して ほしいですか。

B: イさんに 引(ひ)っ越(こ)しを 手伝(てつだ)って ほしいです。

새로 나온 말

高層(こうそう)マンション : 고층아파트
2階建(かいだ)て : 2층 건물
共同住宅(きょうどうじゅうたく) : 공동주택
指(さ)す : 가리키다
～ほど : ～만큼
特(とく)に : 특히
集(あつ)まる : 모이다
団地(だんち) : 단지
多(おお)くの : 많은
一戸建(いっこだ)て : 단독주택
マイホーム : 내 집(본인 소유의 집)
夢見(ゆめみ)る : 꿈꾸다
和室(わしつ) : 일본식 방
畳(たたみ) : 다다미
床(とこ)の間(ま) : 일본식 방의 한 쪽에 바닥을 한층 높게 만든 곳
押(お)し入(い)れ : 일본식 벽장
ふすま : 일본식 전통 미닫이 문
特徴(とくちょう) : 특징
掛(か)け軸(じく) : 족자

문법익히기

1 ～て あげる(나→남, 남→남)

내가 남에게 또는 남이 남에게 어떤 행위를 해주는 경우에 쓰인다.

私は 息子に 絵本を 読んで あげました。

田中さんは キムさんに 焼きそばを 作って あげました。

2 ～て くれる(남→나, 내 가족)

남이 나에게 또는 남이 내 가족에게 어떤 행위를 해주는 경우에 쓰인다.

山田さんは 私に 宿題を 教えて くれました。

後輩は 私の 弟に 誕生日の プレゼントを 買って くれました。

3 ～て もらう(남→나, 내 가족)

남이 나에게 또는 남이 내 가족에게 어떤 행위를 해주는 경우에 쓰인다.

私は 山田さんに(から) 宿題を 教えて もらいました。

私の 弟は 後輩に(から) 誕生日の プレゼントを 買って もらいました。

4 ～て 差し上げる・～て くださる・～て いただく

'～て 差し上げる', '～て くださる', '～て いただく'는 '～て あげる', '～て くれる', '～て もらう'의 경어표현이다.

문법익히기

私は お客様に かさを 貸して 差し上げました。

山田先生は 私に 夕食を ごちそうして くださいました。

私は パク先生に 韓国語の 作文を 直して いただきました。

5 ～て ほしい

희망이나 의뢰의 의미로 '～해 주기를 바란다'라는 뜻을 나타낸다.

中村さんに いい 仕事を 見つけて ほしいです。

パクさんに 早く 日本の 生活に 慣れて ほしいです。

明日は いい 天気に なって ほしい。

6 ～ないで ほしい

정중한 주의나 금지의 의미로 '～하지 않기를 바란다'라는 뜻을 나타낸다.

友だちに うそを つかないで ほしいです。

授業中は 学生に 騒がないで ほしいです。

あんな 人とは 付き合わないで ほしい。

새로 나온 말

絵本 : 그림책　焼きそば : 야키소바(일본 면 음식)　ごちそうする : 대접하다, 한턱내다

見つける : 발견하다　騒ぐ : 떠들다　あんな : 저런

연습문제

1 다음 예와 같이 쓰고 대화해 봅시다.

예 友(とも)だち / コーヒーを おごる

A: あなたは 友(とも)だちに 何(なに)を して あげましたか。

B: (私(わたし)は 友(とも)だちに) コーヒーを おごって あげました。

① 親友(しんゆう) / ノートを 貸(か)す

A:

B:

② 恋人(こいびと) / セーターを 編(あ)む

A:

B:

③ チェさん / 踊(おど)りを 教(おし)える

A:

B:

④ 鈴木(すずき)さん / ソウルを 案内(あんない)する

A:

B:

새로 나온 말

おごる: 한턱내다　　セーター: 스웨터　　編(あ)む: 뜨다　　踊(おど)り: 춤

연습문제

2 다음 예와 같이 쓰고 대화해 봅시다.

> **예** 友だち / ケーキを 作る
>
> A: 友だちは あなたに 何を して くれましたか。
>
> B: (友だちは 私に) ケーキを 作って くれました。
>
> *****
>
> A: あなたは 友だちに 何を して もらいましたか。
>
> B: (私は 友だちに) ケーキを 作って もらいました。

① イムさん / 柔道を 教える

A:

B:

*****

A:

B:

② 木村さん / 家庭教師を 紹介する

A:

B:

*****

A:

B:

새로 나온 말

世話を する: 보살펴 주다　　柔道: 유도　　家庭教師: 가정교사

연습문제

3 다음 예와 같이 쓰고 대화해 봅시다.

> **예** 彼氏(かれし) / うちまで 送(おく)る / 夢(ゆめ)を あきらめません
>
> A: <u>彼氏(かれし)</u>に 何(なに)を して ほしいですか。
>
> B: <u>うちまで 送(おく)っ</u>て ほしいです。
>
> 
>
> *****
>
> A: <u>彼氏(かれし)</u>に 何(なに)を しないで ほしいですか。
>
> B: <u>夢(ゆめ)を あきらめ</u>ないで ほしいです。

① お母(かあ)さん / 朝(あさ) 起(お)こす / 小言(こごと)を 言(い)いません

A:

B:

*****

A:

B:

② お父(とう)さん / 釣(つ)りに 連(つ)れて 行(い)く / たばこを 吸(す)いません

A:

B:

*****

A:

B:

새로 나온 말

あきらめる : 포기하다　　小言(こごと)を 言(い)う : 잔소리하다　　連(つ)れて 行(い)く : 데리고 가다

5

着付けを 頼まなくても いいですか

※ 테마 독해: 着付け師

※ 주요 학습 내용:

1. 着付けを 頼まなくても いいですか。
2. 成人式には 着物を 着ないで 行きました。
3. 先週から 着付け教室に 通い始めました。

테마 독해

※ 다음 글을 읽고 질문에 답해 봅시다.

- 着付け師 -

日本には「着付け師」と いう 職業が ある。着付けとは 着物を 着たり、着せたり する ことだ。日本の 着物は 自分 一人では 着るのが 難しい。それで 着付け師に 頼んで 着せて もらうのが 普通だ。

1960年代頃までは 着物を 着る 機会も 多く、着付けは 母から 娘へと 伝えられるものだった。しかし、今は 自分で 着る ことが できない 人が ほとんどだ。

着付けの 資格は 国家資格と 民間資格の 2つが ある。結婚式場や 写真館、美容関係など、着付け師の 活躍の 場は 広い。

내용 체크

※ 본문을 읽고, 맞는 것에 ○를 하세요.

① 日本の 着物は 誰でも 一人で 着られる。

② 1960年代頃までは 着物を 着る 機会が 多くなかった。

③ 日本では 着付け師に 着物を 着せて もらうのが 普通だ。

포인트 회화

① A: 着付けを 頼まなくても いいですか。

B1: はい、一人で 着られるので、頼まなくても いいです。

B2: いいえ、着付けは 難しいので、頼まなければ なりません。

② A: 成人式には 着物を 着て 行きましたか。

B: いいえ、着ないで 行きました。

③ A: 最近、忙しそうですね。

B: はい、先週から 着付け教室に 通い始めました。

새로 나온 말

着付け師 : 기모노를 입혀 주는 사람　職業 : 직업　機会 : 기회
伝える : 전하다　国家資格 : 국가자격　民間資格 : 민간자격　関係 : 관계
活躍 : 활약　場 : 장　～始める : ～하기 시작하다

문법익히기

1 ～なくても いい

어떤 행동의 불필요함을 나타내는 표현으로 '～하지 않아도 된다'라는 뜻이다.

お金(かね)が なければ 今(いま) 払(はら)わなく**ても いいです**。

今日(きょう)は 暖(あたた)かいので コートを 着(き)**なくても いいです**。

そんなに 謝(あやま)ら**なくても いいですよ**。

2 ～なければ ならない

어떤 행동의 의무를 나타내는 표현으로 '～하지 않으면 안 된다, ～해야 된다'라는 뜻이다.

約束(やくそく)は 絶対(ぜったい)に 守(まも)ら**なければ なりません**。

明日(あした)、部屋代(へやだい)を 払(はら)わ**なければ なりません**。

試験(しけん)に 遅(おく)れないように 気(き)を つけ**なければ なりません**。

3 ～ないで / ～なくて

～ないで는 시간의 경과에 따라 행해지는 순차동작이나 어떤 동작이 일어나는 배경을 설명할 때 사용하고 **～なくて**는 원인·이유를 나타낼 때 사용한다.

동사: ないで 또는 なくて에 연결

① **ないで**(～하지 않고, ～하지 말고)

はしを 使(つか)わ**ないで** 食(た)べました。

昨日(きのう)は 夕飯(ゆうはん)を 食(た)べ**ないで** 寝(ね)ました。

문법익히기

② なくて(~하지 않아서)

傘を ささなくて 雨に ぬれて しまいました。

魚が 一匹も 釣れなくて 残念でした。

명사, 형용사: なくて만 연결

コップラーメンじゃ なくて カップラーメンです。

図書館が 静かじゃ なくて 集中できませんでした。

時間が なくて しめきりに 遅れて しまいました。

4 복합동사

두 개의 동사를 하나로 묶어 표현하는 것으로, 한 번에 두 가지 의미를 나타내거나 기존의 의미를 더 강조한다.

サイズを 間違えたので 取り替えて ください。

うちの 犬は 知らない 人が 通ると しばらく ほえ続けます。

ストレスの ため、昨日から ずっと 食べまくって います。

새로 나온 말

コート: 외투	謝る: 사과하다	提出する: 제출하다	気を つける: 조심하다
はし: 젓가락	夕飯: 저녁밥	傘を さす: 우산을 쓰다	釣る: 낚다
カップラーメン: 컵라면	集中する: 집중하다	しめきり: 마감	サイズ: 사이즈
取り替える: 바꾸다	ずっと: 계속	~まくる: (분별없이 무작정)~해대다	
通る: 지나다	ほえる: 짖다	~続ける: 계속 ~하다	

연습문제

1 다음 예와 같이 쓰고 대화해 봅시다.

예 薬を 飲みます / 熱が 下がりました / まだ せきが 出ます

A: 薬を 飲まなくても いいですか。

B1: はい、熱が 下がったので、薬を 飲まなくても いいです。

B2: いいえ、まだ せきが 出るので、薬を 飲まなければ なりません。

① レストランを 予約します / 平日です / 人気の 店です

A:

B1:

B2:

② 早く うちに 帰ります / 一人暮らしです / 親が 厳しいです

A:

B1:

B2:

③ 就職する 時、英語が できます / 日本語が 上手です / 会社で 必要です

A:

B1:

B2:

새로 나온 말

下がる : 내려가다　　一人暮らし : 혼자 사는 것　　就職 : 취직

연습문제

2 다음 예와 같이 괄호 안의 단어 중 맞는 것을 골라 문장을 완성해 봅시다.

예 旅行は ソウルだ(ないで / なくて) プサンに 行きます。
→ 旅行は ソウルじゃ なくて プサンに 行きます。

① 豚肉は 好きだ(ないで / なくて)とり肉が 好きです。

→

② お金が 足りる(ないで / なくて)切符が 買えませんでした。

→

③ 今日は 外出する(ないで / なくて)ゆっくり 休みます。

→

④ 料理が おいしい(ないで / なくて)全部 食べられませんでした。

→

⑤ 昨日は なかなか 仕事が 終わる(ないで / なくて)大変でした。

→

⑥ 検査を するので 朝ご飯を 食べる(ないで / なくて)病院に 行きます。

→

새로 나온 말

豚肉 : 돼지고기　　とり肉 : 닭고기　　外出する : 외출하다　　なかなか : 좀처럼

연습문제

3 다음 예와 같이 괄호 안의 단어를 합쳐서 문장을 완성해 봅시다.

> **예** 子どもが 急に(泣く / 出す)て、困りました。
>
> → 子どもが 急に 泣き出して、困りました。

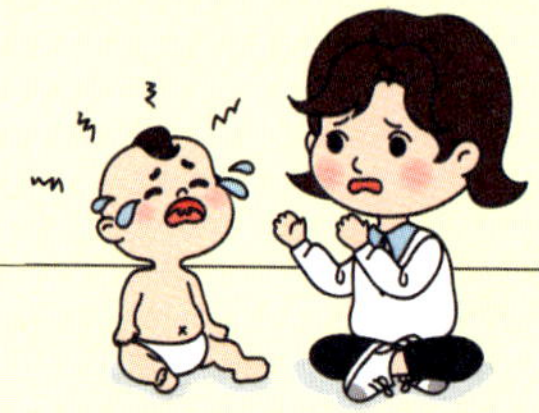

① 次の 駅で 2号線に(乗る / 換える)て ください。

→

② 友だちと 一緒に テニスを(習う / 始める)ました。

→

③ 彼とは 3年前に(知る / 合う)ました。

→

④ もう 一度 きれいな 字で(書く / 直す)て ください。

→

⑤ 苦い 薬を やっと(飲む / 込む)ました。

→

⑥ 彼女は カラオケで 3時間も(歌う / 続ける)て います。

→

새로 나온 말

～出す: (갑자기)～하기 시작하다　　～号線: ～호선　　乗り換える: 갈아타다

6

江崎記念館に 行ったら どうですか。

※ 테마 독해: **グリコマーク**

※ 주요 학습 내용:

1. 昼よりも 夜に 行った 方が いいですよ。
2. 江崎記念館に 行ったら どうですか。
3. ごまを すって やっと 休みを もらいました。

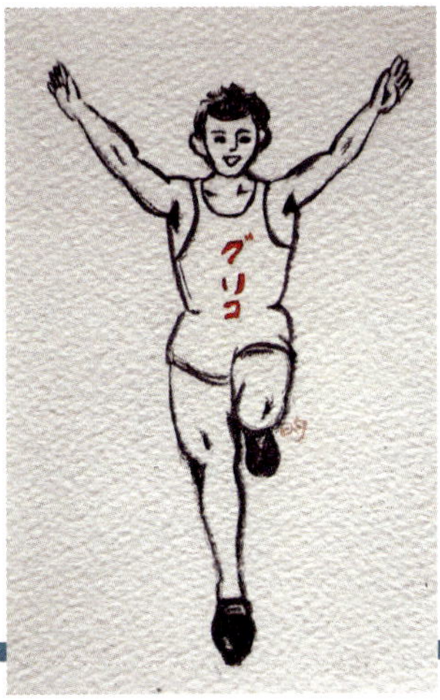

테마 독해

※ 다음 글을 읽고 질문에 답해 봅시다.

- グリコマーク -

食品会社「江崎グリコ」の ロゴマークと いえば、あの「走る 人」の マークだ。大阪の 道頓堀に ある グリコの 看板は 知らない 人が いない ほどの 人気だ。あの マークを 背景に 写真を 撮る 観光客も 多い。

グリコマークは 14万個の LEDを 使用して おり、日没 30分後から 24時まで マークの 背景を 変えながら 点灯して いる。今の マークは 2014年に リニューアルした 6代目だと いう。今までの マークに ついては 大阪の「江崎記念館」と いう ところに 詳しく 展示して ある。ぜひ 一度 行って みよう。

내용 체크

※ 본문을 읽고, 맞는 것에 ○를 하세요.

① グリコの 看板を 背景に 写真を 撮る 観光客が 多い。

② グリコマークは 日没の あと すぐ 点灯を 始める。

③ 今までの マークに ついては 大阪の「江崎記念館」で 見られる。

포인트 회화

① A: グリコマークを 見(み)て みたいんです。

B1: じゃあ、昼(ひる)よりも 夜(よる)に 行(い)った 方(ほう)が いいですよ。

B2: じゃあ、込(こ)むので 連休(れんきゅう)には 行(い)かない 方(ほう)が いいですよ。

② A: グリコマークに ついて もっと 知(し)りたいんです。

B: それなら、江崎記念館(えざききねんかん)に 行(い)ったら どうですか。

③ A: 大阪(おおさか)に 行(い)くんですか。

B: はい。部長(ぶちょう)に ごまを すって やっと 休(やす)みを もらいました。

새로 나온 말

グリコマーク: (오사카 도톤보리에 있는) 글리코마크

ロゴマーク: 로고마크

使用(しよう)する: 사용하다

リニューアルする: 리뉴얼하다

詳(くわ)しい: 상세하다

道頓堀(どうとんぼり): 도톤보리(지명)

～後(ご): ～후

～代目(だいめ): ～대째

ごまを する: 아부를 떨다

江崎(えざき)グリコ: 에자키 글리코(회사명)

看板(かんばん): 간판

点灯(てんとう)する: 점등하다, 불을 켜다

江崎記念館(えざききねんかん): 에자키 기념관(오사카)

문법익히기

1 ～た 方が いい

동사의 **た**형에 **方が いい**를 붙여서 '～하는 편이 좋다'라는 뜻을 나타낸다.

せきが 出る 時は マスクを した 方が いいです。

肉だけじゃ なくて 野菜も 食べた 方が いいですよ。

疲れたら、早く 帰って 休んだ 方が いいですよ。

2 ～ない 方が いい

동사의 **ない**형에 **方が いい**를 붙여서 '～하지 않는 편이 좋다'라는 뜻을 나타낸다.

悪口を 言う 人とは 付き合わない 方が いいです。

危ないから、バイクには 乗らない 方が いいですよ。

治安の 悪い 国には なるべく 行かない 方が いいですよ。

3 ～たら どうですか

동사의 **た**형에 **ら**를 붙이고 **どうですか**에 연결시키면 '～하면 어떻습니까?'라는 뜻이 된다.

単語の 意味が 分からなければ、辞書で 調べたら どうですか。

お腹が すかないように、お弁当を 持って 行ったら どうですか。

문법익히기

休みの 日ぐらい 仕事を しないで のんびりしたら どうですか。

4 관용어구

두 개 이상의 단어로 이루어져 있으면서 단어의 원래 의미와는 다른 특수한 뜻을 나타내는 어구를 말한다. 다음은 관용어구의 예이다.

風邪を 引く	감기에 걸리다	気が つく	알아차리다
辞書を 引く	사전을 찾다	気に なる	신경이 쓰이다
年を 取る	나이를 먹다	気に する	신경을 쓰다
迷惑を かける	폐를 끼치다	気を つける	조심하다
心配を かける	걱정을 끼치다	役に 立つ	도움이 되다
お風呂に 入る	목욕을 하다	耳に する	듣다
お茶を 入れる	차를 타다	頭に 来る	화가 나다
けがを する	다치다	腹が 立つ	화가 나다
寝坊を する	늦잠을 자다	手を 借りる	도움을 받다
ごまを する	아부를 하다	腰を かける	앉다
間に 合う	시간에 늦지 않다	うそを つく	거짓말을 하다
相談に 乗る	상담에 응하다	電話に 出る	전화를 받다

새로 나온 말

マスク : 마스크
悪口を 言う : 욕을 하다
バイク : 오토바이
治安 : 치안
なるべく : 되도록
意味 : 의미
のんびりする : 한가로이 보내다

연습문제

1 다음 예와 같이 쓰고 대화해 봅시다.

예 のどが 痛(いた)いです / うがいを します / 冷(つめ)たい 物(もの)を 食(た)べません

A: のどが 痛(いた)いんです。

B1: じゃあ、うがいを した 方(ほう)が いいですよ。

B2: じゃあ、冷(つめ)たい 物(もの)を 食(た)べない 方(ほう)が いいですよ。

① めまいが します / 横(よこ)に なります / 動(うご)きません

A:

B1:

B2:

② 台風(たいふう)が 来(き)て います / 家(いえ)に います / 窓(まど)を 開(あ)けません

A:

B1:

B2:

③ 遅(おそ)く 帰(かえ)ります / 友(とも)だちと 一緒(いっしょ)に 帰(かえ)ります / 暗(くら)い 道(みち)を 通(とお)りません

A:

B1:

B2:

새로 나온 말

うがいを する : 가글하다　　横(よこ)に なる : 눕다　　めまいが する : 현기증이 나다

연습문제

2 다음 예와 같이 쓰고 대화해 봅시다.

예 アルバイトが 大変です / 辞めます

A: アルバイトが 大変なんです。

B: それなら、辞めたら どうですか。

① 料理の 味が 薄いです / 塩を 入れます

A:

B:

② 財布を 落として しまいました / 警察に 行きます

A:

B:

③ ごみの 出し方が わかりません / 近所の 人に 聞きます

A:

B:

④ この頃 具合が よく ありません / 病院へ 行って みます

A:

B:

새로 나온 말

塩: 소금　　警察: 경찰　　近所: 이웃

연습문제

3 다음 예와 같이 괄호 안의 단어 중 맞는 것을 골라 문장을 완성해 봅시다.

> **예** お茶を(入る / 入れる)ましょうか。
>
> → お茶を 入れましょうか。

① 人に 迷惑を(する / かける)ないように しましょう。

→

② 明日 ぜひ 相談に(入る / 乗る)て ほしいんですが。

→

③ 年を(取る / 食べる)ても この 仕事は 続けたいです。

→

④ 地震の 話を 耳に(する / なる)て びっくりしました。

→

⑤ 将来、社会の 役に(立つ / なる)人間に なりたいです。

→

⑥ ボールを 投げる 時は 気を(つく / つける)て ください。

→

새로 나온 말

びっくりする: 깜짝 놀라다　　社会: 사회　　投げる: 던지다

7

首里城で イベントが あるらしいですよ

※ 테마 독해: スキューバ ダイビング

※ 주요 학습 내용:

1. 首里城で 何か イベントが あるらしいですよ。
2. 木村さんは 本当に ダイバーらしいですね。
3. 珊瑚の 赤ちゃんが 見られるかもしれません。

테마 독해

※ 다음 글을 읽고 질문에 답해 봅시다.

- スキューバ ダイビング -

沖縄の 海は 透明度が 高く、スキューバ ダイビングに 適して いる。初心者でも 楽しめる 安全な スポットが 多い。そのため、沖縄観光の ついでに ダイビングを 体験する 人が たくさん いる。沖縄では 冬でも 水温は 20度 以上で、一年中 海に 潜る ことが できる。夏は 観光客で 混雑するので、冬の 方が お勧めだ。

スキューバ ダイビングは 健康な 人なら 誰でも 楽しめる。予約すれば インストラクターが 親切に 説明して くれるので 初心者にも 安心だ。沖縄へ 行ったら ぜひ 挑戦して みよう。

내용 체크

※ 본문을 읽고, 맞는 것에 ○를 하세요.

① 沖縄の 観光客は 夏よりも 冬が 多い。

② 沖縄の 海は 冬でも 水温が 20度 以上だ。

③ スキューバ ダイビングは 初心者には あまり お勧めできない。

포인트 회화

① A: 首里城、人が いっぱいですね。

B: ええ、何か 特別な イベントが あるらしいですよ。

② A: 木村さんは 泳ぎが 上手ですね。

B: そうですね。本当に ダイバーらしいですね。

③ A: 珊瑚の 赤ちゃん、美ら海水族館で 見られるでしょうか。

B: 大きい 水族館なので、見られるかも しれません。

새로 나온 말

スキューバダイビング : 스쿠버 다이빙
スポット : 스폿, 장소
体験する : 체험하다
混雑する : 혼잡하다
首里城 : 슈리성(오키나와에 있는 관광명소)
ダイバー : 다이버, 잠수사
美ら海水族館 : 츄라우미 수족관(오키나와에 있는 대형 수족관)
透明度 : 투명도
そのため : 그 때문에
水温 : 수온
インストラクター : 인스트럭터
珊瑚 : 산호
初心者 : 초보자
～のついでに : ～하는 김에
潜る : 잠수하다
挑戦する : 도전하다
泳ぎ : 수영

문법익히기

1 ～らしい

불확실한 사항을 나타내는 말로 「～인 것 같다」라는 뜻이다. 타인으로부터 얻은 정보를 남에게 전할 때 쓰인다.

품사	어간	활용	
명　　사	警官(けいかん)	 だった じゃ ない じゃ なかった	+ らしい
な형용사	特別(とくべつ)	(だ) だった じゃ ない じゃ なかった	+ らしい
い형용사	寒(さむ)	い かった く ない く なかった	+ らしい
동　　사	見物(けんぶつ)	する した しない しなかった	+ らしい

中村(なかむら)さんは 歯医者(はいしゃ)**らしいです**。

この 町(まち)は 工業(こうぎょう)が あまり 盛(さか)ん**じゃ なかったらしいです**。

あの 交差点(こうさてん)は 事故(じこ)が とても 多(おお)**かったらしいです**。

イさんは アクセサリーに 興味(きょうみ)が ない**らしいです**。

문법익히기

2 명사 + らしい

명사의 뒤에 붙여 전형적인 상황을 나타내는 '~다운'이라는 뜻으로 사용되기도 한다.

今日は 暖かくて 本当に 春**らしい** 一日だ。

手を 合わせて 「いただきます」と 言うのは 日本人**らしい** 習慣です。

彼は 明るい 性格なのに、 今日は 静かで 彼**らしく ありません**。

3 ~かも しれない

가능성이 있다는 의미로 사용하며 '~일지도 모른다'의 뜻이다.

エアコンが つきません。 壊れた**かも しれません**。

彼女は 外食が 多いので、 料理が 苦手**かも しれません**。

4 ~でしょう(か)

미래를 예측할 때나(①) 상대방에게 동의를 구할 때(②), 추측을 하면서 부드럽게 물을 때(③) 사용한다. 접속방법은 **らしい**와 같다. 보통형은 '~**だろう**(か)'이다.

① 薬を 飲んで ゆっくり 休めば 熱が 下がる**でしょう**。(~겠지요)

② この ステレオ、昨日 買ったんです。 いい**でしょう**。(~지요?)

③ 木村選手は 今度の 試合に 出られる**でしょうか**。(~을까요?)

새로 나온 말

警官 : 경관　特別だ : 특별하다　見物する : 구경하다　歯医者 : 치과(의사)
工業 : 공업　交差点 : 교차로　アクセサリー : 액세서리　合わせる : 맞추다
習慣 : 습관　性格 : 성격　壊れる : 고장나다　外食 : 외식　ステレオ : 스테레오

연습문제

1 다음 예와 같이 쓰고 대화해 봅시다.

예 台風が 近づいて います

A: 今日は 風が 強いですね。

B: ええ、台風が 近づいて いるらしいですよ。

① アレルギーが あります

A: キムさん、いつも 牛乳 飲みませんね。

B:

② 今 出張で 日本に いません

A: 田中さん、留守番電話に なって いますね。

B:

③ 何か 事故が ありました

A: みんな、テレビの 前に 集まって いますね。

B:

④ アルバイトが 思ったより 大変です

A: チェさん、元気が ないですね。

B:

새로 나온 말

近づく : 접근하다, 다가오다　　アレルギー : 알레르기　　留守番電話 : 전화 자동 응답기

연습문제

2 다음 예와 같이 쓰고 대화해 봅시다.

예 山田(やまだ)さんは 声(こえ)が きれいだ / アナウンサー

A: 山田(やまだ)さんは 声(こえ)が きれいですね。

B: そうですね。 本当(ほんとう)に アナウンサーらしいですね。

① 彼(かれ)は 背(せ)も 高(たか)いし、おしゃれだ / モデル

A:

B:

② イムさんの お子(こ)さんは 元気(げんき)だ / 子(こ)ども

A:

B:

③ ここは 静(しず)かで、古(ふる)い お寺(てら)が たくさん ある / 京都(きょうと)

A:

B:

④ あちこちから キャロルが 聞(き)こえて くる / クリスマス

A:

B:

새로 나온 말

おしゃれだ : 멋을 잘낸다, 스타일리쉬하다　　あちこち : 여기저기　　キャロル : 캐럴

연습문제

3 다음 예와 같이 쓰고 대화해 봅시다.

> **예** この 本(ほん)、図書館(としょかん)に あります / 小(ち)さい 図書館(としょかん)です
>
> A: <u>この 本(ほん)、 図書館(としょかん)に ある</u>でしょうか。
>
> B: <u>小(ち)さい 図書館(としょかん)</u>なので、 <u>ない</u>かも しれません。

① 今度(こんど)の 試験(しけん)に 受(う)かります / 難(むずか)しい 試験(しけん)です

A:

B:

② クリスマスは 雪(ゆき)が 降(ふ)ります / 最近(さいきん) あまり 寒(さむ)く ありません

A:

B:

③ 彼(かれ)は 同窓会(どうそうかい)に 参加(さんか)しました / 昨日(きのう)も 残業(ざんぎょう)して いました

A:

B:

④ 大学(だいがく)の 時(とき)、田中(たなか)さんは 真面目(まじめ)でした / 今(いま)も よく サボります

A:

B:

새로 나온 말

受(う)かる : 합격하다　　同窓会(どうそうかい) : 동창회　　サボる : (수업 등을)빼먹다, 게으름 피우다

8

ご当地(とうち)ソングを たくさん 歌(うた)われて 疲(つか)れました

※ 테마 독해: ご当地(とうち)ナンバー

※ 주요 학습 내용:

1. ご当地(とうち)ソングを たくさん 歌(うた)われて、疲(つか)れました。
2. 「ふなっしー」は 船橋市(ふなばしし)の ご当地(とうち)キャラとして 作(つく)られました。
3. ご当地(とうち)グルメと いう 言葉(ことば)を 知(し)って いますか。

테마 독해

※ 다음 글을 읽고 질문에 답해 봅시다.

- ご当地ナンバー -

「ご当地ナンバー」とは 自動車の ナンバープレートに 地元が 希望する 地名を 表示した ものだ。全国を 走り回る 自動車の プレートには 観光PR効果が 期待できる。そういう 考え方から 生まれた。1994年に「湘南ナンバー」が 人気を 呼び、導入の きっかけに なった。

2018年 現在、ご当地ナンバーは「富士山」、「成田」など 29個 ある。オリンピックに 向けて 絵や 色の ついた プレートも 導入され始めた。ご当地ナンバーは これからも 増える 予定だ。

내용 체크

※ 본문을 읽고, 맞는 것에 ○를 하세요.

① 自動車の プレートには 観光PR効果が あまり ない。

② ご当地ナンバーの 導入は 「湘南ナンバー」の 人気が きっかけだった。

③ ご当地ナンバーは これから 増えるとは 言えない。

포인트 회화

① A: どうしたんですか。元気(げんき)が ありませんね。

B: ええ。ご当地(とうち)ソングを たくさん 歌(うた)われて、疲(つか)れました。

② A: 「ふなっしー」は いつ 作(つく)られましたか。

B: 船橋市(ふなばしし)の ご当地(とうち)キャラとして 2011年(ねん)に 作(つく)られました。

③ A: ご当地(とうち)グルメと いう 言葉(ことば)を 知(し)って いますか。

B: いいえ、知(し)りません。どんな 意味(いみ)ですか。

A: その 地域(ちいき)でしか 食(た)べられない 特別(とくべつ)な 食(た)べ物(もの)の ことです。

새로 나온 말

ご当地(とうち)ナンバー : 각 지역에서 희망하는 지명을 자동차 번호판에 표시한 것

ナンバープレート : 자동차 번호판

地名(ちめい) : 지명

効果(こうか) : 효과

湘南(しょうなん) : 가나가와현의 해안 지대

現在(げんざい) : 현재

～に 向(む)けて : ～를 목표로

キャラ : 캐릭터(キャラクター의 준말)

地元(じもと) : 그 고장, 그 지방

表示(ひょうじ)する : 표시하다

期待(きたい) : 기대

導入(どうにゅう) : 도입

成田(なりた) : 나리타(지바현 북부에 있는 시)

ソング : 송, 노래

グルメ : 구르메(미식가)

希望(きぼう)する : 희망하다

走(はし)り回(まわ)る : 뛰어다니다, 돌아다니다

そういう : 그러한

きっかけ : 계기

オリンピック : 올림픽

船橋市(ふなばしし) : 후나바시 시(지바현에 있는 시)

문법익히기

1 수동형 복습

예와 같이 빈칸에 알맞은 말을 써 봅시다.

1그룹 동사	예) 起(お)こす → 起(お)こ**される**	使(つか)う → (　　　　)
	聞(き)く → (　　　　)	触(さわ)る → (　　　　)
2그룹 동사	勧(すす)める → (　　　　)	助(たす)ける → (　　　　)
	開(あ)ける → (　　　　)	いじめる → (　　　　)
3그룹 동사	来(く)る → (　　　　)	招待(しょうたい)する → (　　　　)

2 피해의 수동

어떤 사건이나 타인의 행동에 의해 피해를 입거나 그 일을 피해라고 느꼈을 때 사용하는 수동 표현이다.

隣(となり)の 人(ひと)が たばこを 吸(す)いました。 私(わたし)は 気分(きぶん)が 悪(わる)く なりました。

→ 隣(となり)の 人(ひと)**に** たばこを 吸(す)**われ**て、 気分(きぶん)が 悪(わる)く なりました。

忙(いそが)しい 時(とき) 友(とも)だち**に** 遊(あそ)びに 来(こ)**られ**て 困(こま)りました。

知(し)らない 人(ひと)**に** 家(いえ)の 前(まえ)に 車(くるま)を 止(と)め**られ**て 迷惑(めいわく)でした。

近(ちか)くに ビルを 建(た)て**られ**て 日(ひ)が 当(あ)たらなく なりました。

문법익히기

3 무생물 수동

사회적인 사실이나 공공에게 알리는 내용을 말하는 경우에 쓰이는 수동 표현이며 사실만을 객관적으로 서술한다.

スカイツリーは 2012年に 建て**られ**ました。

次の 冬の オリンピックは 北京で 開**かれ**ます。

この 小説は 色々な 国の 言葉に 翻訳**され**て います。

4 명사+と いう+명사

명사와 명사 사이에 ～と いう를 써서 '～라는'이라는 뜻을 나타낸다.

相撲**と いう** 日本の スポーツを 知って いますか。

新幹線**と いう** 日本の 電車に 乗った ことが あります。

クリスさん**と いう** オーストラリア人に 英語を 習って います。

새로 나온 말

折る : 꺾다, 접다　　逃げる : 도망치다　　ワイシャツ : 와이셔츠　　気分 : 기분
日が 当たる : 볕이 들다　　そば : 곁　　助かる : 도움이 되다　　スカイツリー : (도쿄)스카이트리
北京 : 북경　　オーストラリア人 : 호주사람

연습문제

1 다음 예와 같이 【피해의 수동】으로 문장을 완성해 봅시다.

예 赤(あか)ちゃんが 泣(な)く / 寝(ね)られなかった

→ 赤(あか)ちゃんに 泣(な)かれて 寝(ね)られませんでした。

① 同僚(どうりょう)が 急(きゅう)に 休(やす)む / 困(こま)った

→

② 終電(しゅうでん)が 行(い)く / タクシーで 帰(かえ)った

→

③ 子(こ)どもが 落書(らくが)きを する / 壁(かべ)が 汚(きたな)く なった

→

④ 旅行(りょこう)の 間(あいだ)に どろぼうが 入(はい)る / お金(かね)を 盗(ぬす)まれた

→

⑤ 飼(か)って いた インコが 死(し)ぬ / とても 悲(かな)しかった

→

⑥ 昨日(きのう) 帰(かえ)りに 雨(あめ)が 降(ふ)る / 風邪(かぜ)を 引(ひ)いて しまった

→

새로 나온 말

落書(らくが)き : 낙서　　壁(かべ) : 벽　　インコ : 잉꼬

연습문제

2 다음 예와 같이 쓰고 대화해 봅시다.

> **예** バター / 何(なに)から 作(つく)る / 牛乳(ぎゅうにゅう)
>
> A: バターは 何(なに)から 作(つく)られますか。
>
> B: 牛乳(ぎゅうにゅう)から 作(つく)られます。

① 荷物(にもつ) / 何(なに)で 送(おく)る / 船(ふね)

A:

B:

② 国際会議(こくさいかいぎ) / いつ 行(おこな)う / 毎年(まいとし) 5月(がつ)に

A:

B:

③ その ハンカチ / いくらで 売(う)って いる / 980円(えん)

A:

B:

④ 漢字(かんじ) / どんな 国(くに)で 使(つか)って いる / 日本(にほん)や 中国(ちゅうごく)

A:

B:

새로 나온 말

バター : 버터　　船(ふね) : 배　　国際会議(こくさいかいぎ) : 국제회의　　ハンカチ : 손수건

연습문제

3 다음 예와 같이 쓰고 대화해 봅시다.

> **예** どら焼き / 食べ物 / 丸いです / ドラえもんが 好きです
>
> A: どら焼きと いう 食べ物を 知って いますか。
>
> B: いいえ、知りません。 どんな 食べ物ですか。
>
> A: 丸くて、ドラえもんが 好きな 食べ物です。

① 浴衣 / 服 / 日本の 伝統的な 服です / 夏に 着ます

A:

B:

A:

② お好み焼き / 料理 / おいしいです / 広島で 有名です

A:

B:

A:

③ お守り / 物 / 神社で 売って います / 日本人が よく 買います

A:

B:

A:

새로 나온 말

どら焼き : 도라야키(일본 과자)　　丸い : 둥글다　　ドラえもん : 도라에몽

お守り : 오마모리(일본식 부적)

9

富士山の 環境保全に ついて 考えさせられました

※ 테마 독해: 富士山ドライブ

※ 주요 학습 내용:

1. 富士山の 環境保全に ついて 考えさせられました。

2. あの 山小屋で 少し 休憩させて ください。

3. この バスに 乗れば、11時までに 五合目に 着きますか。

테마 독해

※ 다음 글을 읽고 질문에 답해 봅시다.

- 富士山ドライブ -

富士山は 世界文化遺産にも 登録された、 日本を 代表する 山だ。一度は 行って 景色を 楽しんで みたいと いう 人は 多いだろう。しかし、富士山は 標高 3,776メートルで、 誰もが 簡単に 登れる 山では ない。

行って みたいが 登山は 苦手だと いう 人に いい 方法が ある。富士山は 五合目まで 車で 登れるのだ。運転できない 人には 観光バスも ある。五合目と 言っても その 標高は 約2,300メートルだ。スカイツリー 3.5個 以上の 高さで、普段 味わえない 雲の 上の 世界を 楽しむことが できる。

내용 체크

※ 본문을 읽고, 맞는 것에 ○를 하세요.

① 富士山の 標高は 約2,300メートルだ。

② 富士山は 五合目まで 車で 登ることが できる。

③ スカイツリーは 富士山より 高い。

포인트 회화

① A: 富士山に 登って どうでしたか。

B: 富士山の 環境保全に ついて 考えさせられました。

② A: あの 山小屋で 少し 休憩させて ください。

B: いいですよ。

③ A: この バスに 乗れば、11時までに 五合目に 着きますか。

B: ええ、だいたい その くらいに 着きますよ。

새로 나온 말

世界文化遺産 : 세계문화유산
登録 : 등록
標高 : 표고
メートル : 미터
苦手だ : 서툴다
合目 : 후지산 높이를 10단계로 나누어 표시한 단위
高さ : 높이
普段 : 평소
味わう : 맛보다
環境保全 : 환경보전
山小屋 : 산속의 오두막집
休憩する : 휴식하다
だいたい : 대개, 대략

1 사역수동형

내가 원하지 않는데 강제로 어떤 일을 하게 되었을 때 쓰는 표현으로 '(상대가 나에게) 억지로 ~하게 하다'라는 뜻으로 쓰인다. 우리말에 없는 표현으로 해석할 때 주의하자.

		기본형	사역형
1그룹 동사	あ단 + される 　　　せられる 예외 う → わ	運(はこ)ぶ	運(はこ)ばされる
		残(のこ)る	残(のこ)らされる
		通(かよ)う	通(かよ)わされる
		消(け)す	消(け)させられる
2그룹 동사	~~る~~ + させられる	見(み)る	見(み)させられる
		覚(おぼ)える	覚(おぼ)えさせられる
3그룹 동사	–	来(く)る	来(こ)させられる
		競争(きょうそう)する	競争(きょうそう)させられる

社長(しゃちょう)は 私(わたし)に 仕事(しごと)を させました。

↓

私(わたし)は 社長(しゃちょう)に 仕事(しごと)を させられました。

子(こ)どもの 時(とき)、母(はは)に バイオリンを 習(なら)わされました。

私(わたし)は 母(はは)に お見合(みあ)いを させられました。

私(わたし)は 歌(うた)が 苦手(にがて)なのに、上司(じょうし)に 歌(うた)を 歌(うた)わされました。

문법익히기

2 사역형+て ください

말하는 사람이 상대방에게 허가를 구하는 표현으로 '~하게 해 주세요'라는 뜻으로 쓰인다.

疲れたので、少し 休ませて ください。

この 封筒、ちょっと 使わせて ください。

急用が できたので、今日は 早く 帰らせて ください。

TIP 정중한 의뢰 및 허가요구 표현 : ～て いただけませんか

すみませんが、ちょっと 写真を 撮って いただけませんか。(의뢰)

すみませんが、ちょっと 写真を 撮らせて いただけませんか。(허가요구)

3 ～まで / ～までに

まで는 '어느 때까지'라는 '기간'의 뜻으로 쓰이고, までに는 '어느 시점까지'라는 특정 시각을 나타낼 때 쓰인다.

子どもたちは 夕方まで 公園で 遊んで いました。

来年の 大会まで バスケの 練習は 続ける つもりです。

会議は 遅くても 9時までに 終わるでしょう。

この 本は 来週の 金曜日までに 返して ください。

문법익히기

4 확인하기(사역수동형)

예와 같이 빈칸에 알맞은 말을 써 봅시다.

1그룹 동사	예) 持(も)つ → 持(も)たせられる	弾(ひ)く → ( )
	おごる → ( )	やり直(なお)す → ( )
2그룹 동사	見(み)る → ( )	降(お)りる → ( )
	やめる → ( )	調(しら)べる → ( )
3그룹 동사	来(く)る → ( )	運転(うんてん)する → ( )

새로 나온 말

残(のこ)る : 남다　競争(きょうそう)する : 경쟁하다　バイオリン : 바이올린　封筒(ふうとう) : 봉투
急用(きゅうよう) : 급한 일　夕方(ゆうがた) : 저녁때　バスケ : 농구(バスケットボール의 준말)
やり直(なお)す : 다시 하다

연습문제

1 다음 예와 같이 쓰고 대화해 봅시다.

예 子(こ)どもの 時(とき) / 母(はは) / 毎日(まいにち) 皿(さら)を 洗(あら)う

A: 子(こ)どもの 時(とき)、何(なに)を させられましたか。

B: 私(わたし)は 子(こ)どもの 時(とき)、母(はは)に 毎日(まいにち) 皿(さら)を 洗(あら)わせられました。

① 高校(こうこう)の 時(とき) / 先生(せんせい) / 英単語(えいたんご)を 覚(おぼ)える

A:

B:

② デートの 時(とき) / 彼女(かのじょ) / ブランドの バッグを 買(か)う

A:

B:

③ 入社(にゅうしゃ)したばかりの 時(とき) / 上司(じょうし) / 出張(しゅっちょう)に 行(い)く

A:

B:

④ アルバイトで / 店長(てんちょう) / お手洗(てあら)いの 掃除(そうじ)を する

A:

B:

새로 나온 말

英単語(えいたんご): 영단어　　バッグ: 백, 휴대용 가방　　お手洗(てあら)い: 화장실

연습문제

2 다음 예와 같이 쓰고 대화해 봅시다.

예 ここに 荷物(にもつ)を 置(お)く

A: ここに 荷物(にもつ)を 置(お)かせて ください。

B: 荷物(にもつ)ですか。 いいですよ。

① 具合(ぐあい)が 悪(わる)いので 早退(そうたい)する

A:

B: わかりました。 お大事(だいじ)に。

② 私(わたし)も プロジェクトに 参加(さんか)する

A:

B: いいですよ。 一緒(いっしょ)に やりましょう。

③ 返事(へんじ)は もう少(すこ)し 考(かんが)える

A:

B: わかりました。

④ 明日(あした)も ぜひ 来(く)る

A:

B: いいですよ。 待(ま)って います。

새로 나온 말

早退(そうたい)する : 조퇴하다　　お大事(だいじ)に : 몸 조심하세요　　プロジェクト : 프로젝트　　やる : 하다

연습문제

3 다음 예와 같이 괄호 안에서 맞는 것을 골라 문장을 완성해 봅시다.

예 卒業(まで・までに) 車の 免許を 取りたい。

→ 卒業までに 車の 免許を 取りたい。

① 6時(まで・までに) 待ったのに、彼女は 来なかった。

→

② チケットは 前の 日(まで・までに) 予約して ください。

→

③ もしもし。今日、3時(まで・までに) 来られますか。

→

④ ゲーム 買って！クリスマス(まで・までに) 待てない！

→

⑤ 先週 ひどい 風邪を 引いて、日曜日(まで・までに) ずっと 寝て いた。

→

⑥ この ページの 内容を 明日の テスト(まで・までに) 覚えなければならない。

→

새로 나온 말

もしもし : 여보세요　　クリスマス : 크리스마스　　ひどい : 심하다　　ページ : 페이지

MEMO

10

ずっと 一人暮らしが 続いて います

※ 테마 독해: ぼっち族

※ 주요 학습 내용:

1. ずっと 一人暮らしが 続いて います。
2. 一人旅の プランは もう 考えて あります。
3. 互いの ライフスタイルに ついて 話し合って おきます。

테마 독해

※ 다음 글을 읽고 질문에 답해 봅시다.

- ぼっち族 -

「お一人様」と いう 言葉が ある。これは レストランなどで 一人で 来た 客を 指して 言う 言葉だ。「精神的に 自立して、一人で 行動できる 人」と いう 意味も 含まれる。また、最近では 「お一人様」とは 少し 違う、「ぼっち族」と いう 言葉も 聞かれるように なった。「ぼっち族」とは 友だちや 恋人、 家族も いて 仲も 悪く ないが、一人で 消費を 楽しみ、自分の 世界に 浸る 人々の ことだ。

一人で カラオケを 楽しむ 「ワンカラ」、夫婦が 互いに 自立を 尊重する 「ディンクス」など、ライフスタイルの 変化は 留まる 所を 知らない。

내용 체크

※ 본문을 읽고, 맞는 것에 ○를 하세요.

① レストランなどで 一人で 来た 客の ことを 「お一人様」と 呼ぶ。

② 「ぼっち族」とは 「お一人様」と 同じ 意味の 言葉だ。

③ 精神的に 自立して、一人で 行動できる 人の ことを「ワンカラ」と 言う。

포인트 회화

① A: 今(いま)も お一人(ひとり)ですか。

B: ええ、ずっと 一人暮(ひとりぐ)らしが 続(つづ)いて います。

② A: 一人旅(ひとりたび)の プランは もう 考(かんが)えましたか。

B: ええ。もう 考(かんが)えて ありますよ。

③ A: 結婚(けっこん)を 決(き)める 前(まえ)に、何(なに)を して おきますか。

B: 互(たが)いの ライフスタイルに ついて 話(はな)し合(あ)って おきます。

새로 나온 말

ぼっち族(ぞく): 외톨이족　お一人様(ひとりさま): 한 분　精神的(せいしんてき): 정신적　自立(じりつ): 자립

行動(こうどう): 행동　含(ふく)む: 포함되다　消費(しょうひ): 소비　浸(ひた)る: 잠기다, 빠져들다

ワンカラ: 원 가라오케(ワン カラオケ)의 준말　夫婦(ふうふ): 부부　互(たが)い: 서로

ディンクス: DINKS(double income, no kids) 아이가 없는 맞벌이부부

ライフスタイル: 라이프스타일, 생활 방식　変化(へんか): 변화

留(とど)まる 所(ところ)を 知(し)らない: 멈출 줄을 모른다

문법익히기

1 자동사와 타동사

동작이나 작용이 남에게 영향을 미치지 않는 동사를 자동사라고 하며, 동작이나 작용이 남에게 영향을 미치는 동사를 타동사라고 한다. 자동사 앞에는 조사 **が**가 오며, 타동사 앞에는 조사 **を**가 온다.

자동사	타동사
(예) 火(ひ)が 消(き)えます。	(예) 火(ひ)を 消(け)します。
電灯(でんとう)が つきます。	電灯(でんとう)を つけます。
犬(いぬ)が 外(そと)に 出(で)ます。	犬(いぬ)を 外(そと)に 出(だ)します。

예외 조사 **を**를 써도 자동사인 경우

① 통과 장소: 道(みち)を 歩(ある)く / 空(そら)を 飛(と)ぶ / 橋(はし)を 渡(わた)る / 階段(かいだん)を 上(あ)がる 등

② 나오거나 떠나는 장소: 部屋(へや)を 出(で)る / 電車(でんしゃ)を 降(お)りる / 高校(こうこう)を 卒業(そつぎょう)する 등

2 자동사 + て いる

자동사에 **て いる**가 연결되면 진행 또는 상태를 나타낸다.

雨(あめ)が 降(ふ)って います。(진행) 車(くるま)が 走(はし)って います。(진행)

人(ひと)が 並(なら)んで います。(상태) いすが 倒(たお)れて います。(상태)

3 타동사 + て いる

타동사에 **て いる**가 연결되면 진행 또는 상태(몸에 착용하는 동사의 경우)를 나타낸다.

문법익히기

電話を かけて います。(진행)　　部屋を 片付けて います。(진행)

青い ズボンを はいて います。(상태) - 몸에 착용하는 동사

黄色い 帽子を かぶって います。(상태)

4 ～が 타동사 + て ある

타동사에 て ある가 연결되면 상태를 나타낸다. 이 경우 조사는 が가 온다.

切手が 貼って あります。(상태)

テレビが 消して あります。(상태)

お弁当が 包んで あります。(상태)

5 타동사 + て おく

타동사에 て おく가 연결되면 '～해 놓다(두다)'라는 의미를 나타낸다.

旅行の ために、飛行機を 予約して おきます。

お客さんが 来るので、料理を 作って おきます。

なくさないように、本に 名前を 書いて おきます。

새로 나온 말

電灯 : 전등　　つく : 켜지다　　上がる : 올라가다　　並ぶ : 줄을 서다

倒れる : 넘어지다　　青い : 파랗다　　ズボン : 바지　　黄色い : 노랗다

かぶる : (모자를)쓰다　　貼る : 붙이다　　包む : 포장하다

연습문제

1 다음 예와 같이 【자동사+ている】로 상태를 나타내는 문장을 완성해 봅시다.

> **예** 星(ほし)が 光(ひか)る
>
> → 星(ほし)が 光(ひか)って います。

① 財布(さいふ)が 落(お)ちる

→

② かぎが 壊(こわ)れる

→

③ 空(そら)が 曇(くも)る

→

④ お湯(ゆ)が 沸(わ)く

→

⑤ 荷物(にもつ)が 届(とど)く

→

⑥ ビールが 冷(ひ)える

→

새로 나온 말

光(ひか)る : 빛나다　　曇(くも)る : 흐리다　　沸(わ)く : 끓다　　冷(ひ)える : 차가워지다

2 다음 예와 같이 【타동사 + **てある**】로 상태를 나타내는 문장을 완성해 봅시다.

> 예 カレンダーを かける
> → カレンダーが かけて あります。

① お皿(さら)を 並(なら)べる

→

② ごみを 出(だ)す

→

③ 看板(かんばん)を 立(た)てる

→

④ ふたを 閉(し)める

→

⑤ アイロンを かける

→

⑥ キムチを 漬(つ)ける

→

새로 나온 말

かける : 걸다　　ふた : 뚜껑　　閉(し)める : 닫다　　漬(つ)ける : (김치 등을) 담그다

연습문제

3 다음 예와 같이 쓰고 대화해 봅시다.

예 海に 行きます / サンダルを 買います

A:海に 行く 前に、何を して おきますか。

B:サンダルを 買って おきます。

① 会議 / コピーを します

A:

B:

② パーティー / ケーキを 焼きます

A:

B:

③ 特急に 乗ります / 切符を 買います

A:

B:

④ 花見を します / 場所を とります

A:

B:

새로 나온 말

サンダル:샌들　　特急:특급(열차)　　花見:벚꽃구경

場所を とる:장소를 확보하다

자동사 타동사 일람표

자동사		타동사		자동사		타동사	
開く	열리다	開ける	열다	割れる	깨지다	割る	깨다
閉まる	닫히다	閉める	닫다	沸く	끓다	沸かす	끓이다
入る	들어가다	入れる	넣다	焼く	굽다	焼ける	구워지다
出る	나가다	出す	내보내다	冷える	차가워지다	冷やす	차게 하다
つく	켜지다	つける	켜다	続く	계속되다	続ける	계속하다
消える	꺼지다	消す	끄다	捕まる	잡히다	捕まえる	잡다
起きる	일어나다	起こす	깨우다	上がる	올라가다	上げる	올리다
並ぶ	줄서다	並べる	배열하다	下がる	내려가다	下げる	내리다
かかる	걸리다	かける	걸다	決まる	결정되다	決める	결정하다
止まる	서다	止める	세우다	変わる	변하다	変える	바꾸다
落ちる	떨어지다	落とす	떨어뜨리다	折れる	접히다	折る	접다
集まる	모이다	集める	모으다	届く	배달되다	届ける	배달하다
壊れる	망가지다	壊す	망가뜨리다	直る	고쳐지다	直す	고치다
倒れる	쓰러지다	倒す	쓰러뜨리다	立つ	서다	立てる	세우다
汚れる	더러워지다	汚す	더럽히다	始まる	시작되다	始める	시작하다

몸에 착용하는 동사

帽子を かぶる	모자를 쓰다	くつを はく	구두를 신다
ネクタイを 締める(する)	넥타이를 매다(하다)	めがねを かける	안경을 쓰다
時計を する	시계를 차다	シャツを 着る	셔츠를 입다
ズボンを はく	바지를 입다		

MEMO

11

この ヒーター、どうぞ お使いください

* 테마 독해: こたつ
* 주요 학습 내용:

1. 説明会には 佐藤部長が ご出席に なります。
2. この ヒーター、どうぞ お使いください。
3. 昨日は 何か 買い物を なさいましたか。

테마 독해

※ 다음 글을 읽고 질문에 답해 봅시다.

- こたつ -

日本の 冬と いえば「こたつ」。日本の 家庭では おなじみの 家電だ。近年は エアコンの 性能が 向上し、こたつを 使う 家庭は 以前に 比べ 少なく なったようだ。しかし、時代の 変化に 答えるように、こたつの 機能や 種類は 増えて いる。いすに 座る タイプや 布団を かけない タイプ、人が いる 時だけ スイッチが 入る タイプなど 様々だ。一人用は もちろん、猫用の こたつまで ある。

最近 韓国でも こたつは 売られて いる。少し 高いが、こたつで 快適な 冬を 過ごして みるのは どうだろうか。

내용 체크

※ 본문을 읽고, 맞는 것에 ○를 하세요.

① 近年、日本の 家庭では こたつは 使わなく なった。

② 日本では 猫用の こたつまで ある。

③ 時代の 変化に 答えるように、こたつの 種類は 少なく なった。

포인트 회화

① A: 床暖房(ゆかだんぼう)の 説明会(せつめいかい)には どなたが ご出席(しゅっせき)に なりますか。

B: 佐藤部長(さとうぶちょう)が ご出席(しゅっせき)に なります。

② A: この ヒーター、使(つか)っても いいですか。

B: はい、どうぞ お使(つか)いください。

③ A: 昨日(きのう)は 何(なに)か 買(か)い物(もの)を なさいましたか。

B: ええ、小(ちい)さい こたつを 買(か)いました。

새로 나온 말

こたつ : 좌식 테이블 형태의 전기 온열기구
近年(きんねん) : 근년
時代(じだい) : 시대
布団(ふとん)を かける : 이불을 덮다
床暖房(ゆかだんぼう) : 일본식 온돌
性能(せいのう) : 성능
機能(きのう) : 기능
様々(さまざま)だ : 여러 가지다
ヒーター : 히터
おなじみ : 잘 앎, 친밀함
向上(こうじょう) : 향상
種類(しゅるい) : 종류
快適(かいてき)だ : 쾌적하다
家電(かでん) : 가전제품
以前(いぜん) : 예전
タイプ : 타입

문법익히기

1 존경어 1

れる・られる를 써서 동작을 받는 상대를 존경하며 '~하시다'의 뜻이 된다. **れる・られる**의 접속 방법은 앞서 설명하였다.

~れる / ~られる

部長は 来週 イタリアから 帰**られます**。

チェさんは どんな 映画を よく 見**られますか**。

先生は 合格の 知らせを 聞いて 安心**されました**。

2 존경어 2

'お + 동사 ます형 + に なる' 또는 'お(ご) + 동작성 명사 + に なる'의 형태로 "~하시다"라는 존경표현이 된다.

お + 동사 ~~ます~~형 + に なる お(ご) + 동작성 명사 + に なる

この 本は 先生が **お**書き**に なりました**。

社長は 休暇を **お**取り**に なりました**。

田中さんは いつ **ご**出発**に なりますか**。

문법익히기

3 존경어 3

'お + 동사 ます형 + ください' 또는 'お(ご) + 동작성 명사 +ください'의 형태로 "~해 주세요"라는 존경표현이 된다.

お + 동사 ~~ます~~형 + ください お(ご) + 동작성 명사 + ください

お客様(きゃくさま)、少々(しょうしょう) **お待(ま)ちください。**

書類(しょるい)は 窓口(まどぐち)に **お出(だ)しください。**

公演中(こうえんちゅう)、写真(しゃしん)の 撮影(さつえい)は **ご遠慮(えんりょ)ください。**

4 존경어 4 - 존경을 나타내는 특별 동사

단어자체가 존경의 뜻을 가지고 있는 동사도 있다.

동사	존경어	동사	존경어
行(い)く	いらっしゃる	食(た)べる	召(め)し上(あ)がる
来(く)る		飲(の)む	
いる		知(し)る	ご存(ぞん)じだ
する	なさる	くれる	くださる
言(い)う	おっしゃる	座(すわ)る	おかけに なる
見(み)る	ご覧(らん)になる	寝(ね)る	お休(やす)みに なる

문법익히기

5 お・ご를 붙이는 말(예)

명사 앞에 접두어 **お/ご**를 붙임으로써 존경 또는 정중의 의미를 나타낼 수 있다.

	お를 붙이는 겨우	ご를 붙이는 경우
명사	お国 お名前 お話 お荷物 お天気 お礼 お手紙 お願い お手伝い	ご住所 ご家族 ご旅行 ご相談 ご連絡 ご意見 ご出席 ご質問 ご案内
い형용사	お忙しい お若い お美しい	
な형용사	お元気 お上手 お暇	ご熱心 ご親切

TIP お・ご를 붙이지 않는 경우

외래어(**テレビ・ポスト** 등), 동식물(**猫・木** 등), 공공시설/조식(**市民会館・学校・会社** 등), 고유명사(**東京・富士山** 등)

새로 나온 말

イタリア: 이탈리아　**合格**: 합격　**知らせ**: 소식　**安心する**: 안심하다
休暇を 取る: 휴가를 내다　**少々**: 조금　**窓口**: 창구　**撮影**: 촬영
遠慮: 사양　**いらっしゃる**: 가시다, 오시다, 계시다　**なさる**: 하시다
おっしゃる: 말씀하시다　**ご覧に なる**: 보시다　**召し上がる**: 드시다, 잡수시다
ご存じだ: 알고 계시다　**おかけに なる**: 앉으시다　**お休みに なる**: 주무시다　**お礼**: 사례
ポスト: 우체통　**木**: 나무　**市民会館**: 시민회관

연습문제

1 다음 예와 같이 쓰고 대화해 봅시다.

예 社長 / 何時 / 出かける / 3時過ぎに

A: 社長は 何時に お出かけに なりますか。

B: 3時過ぎに お出かけに なります。

① お客様 / どちら / 泊まる / 旅館

A:

B:

② 会長 / 何 / 買う / 新しい マンション

A:

B:

③ 校長先生 / どんな 音楽 / 聞く / クラシック

A:

B:

④ マッサージ器 / 誰 / 利用する / 会長

A:

B:

새로 나온 말

~過ぎ:(때를 나타내는 명사에 붙어) 넘어　　クラシック:클래식　　マッサージ器:마사지기

연습문제

2 다음 예와 같이 쓰고 대화해 봅시다.

예 この 灰皿(はいざら) / 使(つか)う

A: この 灰皿(はいざら)、使(つか)っても いいですか。

B: はい、どうぞ お使(つか)いください。

① 週刊紙(しゅうかんし) / 読(よ)む

A:

B:

② 部屋(へや) / 入(はい)る

A:

B:

③ コーラ / 飲(の)む

A:

B:

④ ソファー / 座(すわ)る

A:

B:

새로 나온 말

灰皿(はいざら): 재떨이　　週刊紙(しゅうかんし): 주간지　　コーラ: 콜라　　ソファー: 소파

연습문제

3 다음 예와 같이 존경을 나타내는 특별 동사를 사용하여 문장을 바꾸어 봅시다.

예 研究室(けんきゅうしつ)に います
→ 先生(せんせい)は 研究室(けんきゅうしつ)に いらっしゃいます。

① 毎週(まいしゅう) 映画(えいが)を 見(み)ます

→

② 毎日(まいにち) 11時(じ)に 寝(ね)ます

→

③ 昨日(きのう) テニスを しました

→

④ 牛肉(ぎゅうにく)の 料理(りょうり)を 食(た)べました

→

⑤ ガソリンスタンドへ 行(い)きました

→

⑥ 日本(にほん)に ついて よく 知(し)っています

→

새로 나온 말

研究室(けんきゅうしつ) : 연구실　　牛肉(ぎゅうにく) : 쇠고기　　ガソリンスタンド : 주유소　　よく : 잘

MEMO

12

年賀状(ねんがじょう)の 書(か)き方(かた)を お教(おし)えします

※ 테마 독해: 年賀(ねんが)はがき

※ 주요 학습 내용:

1. 年賀状(ねんがじょう)の 書(か)き方(かた)を お教(おし)えします。
2. 抽選(ちゅうせん)の 結果(けっか)に ついて 伺(うかが)いました。

테마 독해

※ 다음 글을 읽고 질문에 답해 봅시다.

- 年賀はがき -

日本で使われる「年賀はがき」には「お年玉」が ついて いる。はがきの下の ほうに 宝くじの 番号が ついて いるのだ。毎年 1月に 抽選が 行われる。1等は 現金10万円と ギフト賞品の うち どちらかを 選ぶ 形だ。賞品には 旅行や 体験プランなども 含まれる。

最近は スマートフォンや パソコンを 使って 新年の 挨拶を する 人々が 増えた。それに 伴い、様々な サービスが 登場して いる。ネットで 知り合った、住所を 知らない 相手に 年賀はがきを 出せる サービスも その 一つだ。

내용 체크

※ 본문을 읽고, 맞는 것에 ○를 하세요.

① 「年賀はがき」の 上の ほうには 宝くじの 番号が ついて いる。

② 「年賀はがき」の 賞品には 現金の 外に 旅行や 体験プランなども 含まれる。

③ 最近は スマートフォンを 使って 年賀はがきを 出す 人も いる。

포인트 회화

① A: 年賀状の 書き方を 教えて いただけませんか。

B: はい, お教えします。

② A: 抽選の 結果に ついて お聞きに なりましたか。

B: はい、伺いました。

새로 나온 말

年賀はがき : 연하엽서
抽選 : 추첨
プラン : 플랜
知り合う : 알게 되다
お年玉 : 세뱃돈
～等 : ～등
～に 伴い : ～에 따라
伺う : '가다, 오다, 듣다'의 겸양어
つく : 붙다
現金 : 현금
登場する : 등장하다
宝くじ : 복권
ギフト賞品 : 기프트상품
ネット : 인터넷

문법익히기

1 겸양어 1

'お + 동사 ます형 + する' 또는 'お(ご) + 동작성 명사 + する'의 형태로 "~해 드리다"는 뜻의 겸양표현을 나타낸다.

お + 동사 ~~ます~~형 + する お(ご) + 동작성 명사 + する

先生(せんせい)の かばんを **お持(も)ちします**。

お客様(きゃくさま)に カタログを **お見(み)せしました**。

私(わたし)が 明洞(ミョンドン)を **ご案内(あんない)します**。

2 겸양어 2 - 겸양을 나타내는 특별 동사

동사	겸양어	동사	겸양어
行(い)く	参(まい)る・伺(うかが)う	食(た)べる	いただく
来(く)る		飲(の)む	
いる	おる	知(し)る	存(ぞん)じて おる
する	いたす	あげる	差(さ)し上(あ)げる
言(い)う	申(もう)す・申(もう)し上(あ)げる	もらう	いただく
見(み)る	拝見(はいけん)する	聞(き)く	伺(うかが)う
会(あ)う	お目(め)に かかる	訪(たず)ねる	伺(うかが)う・おじゃまする

문법익히기

3 정중함을 나타내는 특별 동사

동사	정중표현
あります	ございます
～です	～でございます

4 존경 / 겸양을 나타내는 특별 동사 정리

	동사	존경어	겸양어
1	行く	いらっしゃる	参る / 伺う
2	来る		
3	いる		おる
4	する	なさる	いたす
5	言う	おっしゃる	申す / 申し上げる
6	見る	ご覧に なる	拝見する
7	食べる	召し上がる	いただく
8	飲む		
9	知る	ご存じだ	存じて おる
10	あげる	-	差し上げる
11	もらう	-	いただく
12	くれる	くださる	-
13	聞く	-	伺う
14	座る	おかけに なる	-
15	寝る	お休みに なる	-
16	会う	-	お目に かかる
17	訪ねる	-	伺う / おじゃまする

5 확인하기

다음 표를 완성해 봅시다.

<table>
<tr><th></th><th>동사</th><th>존경어</th><th>겸양어</th></tr>
<tr><td>1</td><td>行(い)く</td><td rowspan="3"></td><td rowspan="2">/</td></tr>
<tr><td>2</td><td>来(く)る</td></tr>
<tr><td>3</td><td>いる</td><td></td></tr>
<tr><td>4</td><td>する</td><td></td><td></td></tr>
<tr><td>5</td><td>言(い)う</td><td></td><td>/</td></tr>
<tr><td>6</td><td>見(み)る</td><td></td><td></td></tr>
<tr><td>7</td><td>食(た)べる</td><td rowspan="2"></td><td rowspan="2"></td></tr>
<tr><td>8</td><td>飲(の)む</td></tr>
<tr><td>9</td><td>知(し)る</td><td></td><td></td></tr>
<tr><td>10</td><td>あげる</td><td>-</td><td></td></tr>
<tr><td>11</td><td>もらう</td><td>-</td><td></td></tr>
<tr><td>12</td><td>くれる</td><td></td><td>-</td></tr>
<tr><td>13</td><td>聞(き)く</td><td>-</td><td></td></tr>
<tr><td>14</td><td>座(すわ)る</td><td></td><td>-</td></tr>
<tr><td>15</td><td>寝(ね)る</td><td></td><td>-</td></tr>
<tr><td>16</td><td>会(あ)う</td><td>-</td><td></td></tr>
<tr><td>17</td><td>訪(たず)ねる</td><td>-</td><td>/</td></tr>
</table>

새로 나온 말

カタログ: 카탈로그

明洞(ミョンドン): 명동

연습문제

1 다음 예와 같이 쓰고 대화해 봅시다.

> 예 タクシーを 呼ぶ
>
> A: タクシーを 呼んで いただけませんか。
>
> B: はい，お呼びします。

① 市役所まで 車で 送る

A:

B:

② この 棚の 掃除を 手伝う

A:

B:

③ 港まで この 荷物を 運ぶ

A:

B:

④ 日本の 政治に ついて 詳しく 教える

A:

B:

새로 나온 말

市役所: 시청　　棚: 선반　　港: 항구　　政治: 정치

연습문제

2 다음 예와 같이 쓰고 대화해 봅시다.

예 外食(がいしょく)を よく する

A: 外食(がいしょく)を よく なさいますか。

B: はい、よく いたします。

① イ先生(せんせい)の 絵(え)を 見(み)た

A:

B:

② 中村(なかむら)さんを 知(し)って いる

A:

B:

③ 和風(わふう)サラダを 食(た)べた

A:

B:

④ 大統領(だいとうりょう)に 会(あ)った

A:

B:

새로 나온 말

和風(わふう)サラダ : 일본풍 샐러드

大統領(だいとうりょう) : 대통령

부록

〈부록 목차〉

【70】 과거형

	보통형	정중형
楽しい (い형용사)	楽しかった 楽しく なかった	楽しかったです 楽しく なかったです 楽しく ありませんでした
静かだ (な형용사)	静かだった 静かじゃ なかった	静かでした 静かじゃ なかったです 静かじゃ ありませんでした
学生 (명사)	学生だった 学生じゃ なかった	学生でした 学生じゃ なかったです 学生じゃ ありませんでした

【71】 ーやすい・ーにくい ー하기 쉽다・ー하기 어렵다

동사의 **ます**형에 연결한다.

・この 町は 住みやすい。

이 마을은 살기 편하다

・雨の 日は 洗濯物が 乾きにくい。

비가 오는 날은 세탁물이 마르기 어렵다.

【72】 ーすぎる 너무ー하다

동사의 **ます**형에 연결한다.

・昨日、コーヒーを 飲みすぎました。

어제 커피를 너무 마셨습니다.

・アルバイトが 大変すぎて、もう やめたいです。

아르바이트가 너무 힘들어서 그만 두고 싶습니다.

【73】 보통형

정중형과 달리 보통형은 친한 친구들과의 대화나 소설・일기・리포트 등에 사용된다.

	정중형 (です・ます)	현재 긍정 (기본형)	과거 긍정	현재 부정	과거 부정
명사	先生(せんせい)です	先生だ	先生だった	先生じゃない	先生じゃなかった
な형용사	好(す)きです	好きだ	好きだった	好きじゃない	好きじゃなかった
い형용사	おいしいです	おいしい	おいしかった	おいしくない	おいしくなかった
	いいです	いい(よい)	よかった	よくない	よくなかった
동사	行(い)きます	行く	行った	行かない	行かなかった

【74】 보통형 + そうだ －하다(라고) 한다 (전문)

・火事(かじ)の 原因(げんいん)は たばこの 火(ひ)だったそうです。

화재 원인은 담배 불이었다고 합니다.

・あの 店(みせ)は あまり 親切(しんせつ)じゃ なかったそうです。

저 가게는 그다지 친절하지 않았다고 합니다.

【75】 보통형 + と思(おも)う －라고 생각한다

・中村(なかむら)さんは まじめな 学生(がくせい)だと 思(おも)います。

나카무라씨는 성실한 학생이라고 생각합니다.

・話(はな)し合(あ)いは まだ 十分(じゅうぶん)じゃないと 思(おも)います。

토의는 아직 충분하지 않다고 생각합니다.

【76】 조건표현: －たら

－たら는 조건표현으로 동사・**い**형용사・**な**형용사 등의 **た**형에 **ら**가 붙은 것이다.

①가정조건

앞으로 일어날지 어떨지 모르는 경우에 사용한다. '~면'이라는 뜻이다.

・お金持ちだったら、世界旅行を したいです。

부자라면 세계여행을 하고 싶습니다.

・明日が 無理だったら、あさってでも いいです。

내일이 무리라면 모레라도 괜찮습니다.

・お風呂が 温かったら、言って ください。

목욕물이 미지근하면 말해 주세요.

・雨が 降ったら、コンサートは 中止します。

비가 오면 콘서트는 중지합니다.

②확정조건

앞으로 일어날 것을 알고 있는 경우에 사용한다. '~면'이라는 뜻이다.

・駅に 着いたら、電話して ください。

역에 도착하면 전화해 주세요.

・会議が 終わったら、一緒に ご飯を 食べましょう。

회의가 끝나면 같이 밥을 먹읍시다.

③발견

전후에 일어난 사실을 나타낼 때 사용하며, '~ㅆ더니'의 뜻이다.

・窓を 開けたら、雪が 降って いました。

창문을 열었더니 눈이 내리고 있었습니다.

・後ろを 見たら、猫が こちらを 見て いました。

뒤를 봤더니 고양이가 이쪽을 보고 있었습니다.

【77】 あげる 주다

내가 남에게 또는 남이 남에게 줄 때 사용한다.

・私は 友だちに 珍しい 飴を あげました。

나는 친구에게 신기한 사탕을 주었습니다.

・木村さんは キムさんに 日本の カレンダーを あげました。

기무라씨는 김씨에게 일본 달력을 주었습니다.

【78】 くれる 주다

남이 나에게 또는 남이 내 가족에게 줄 때 사용한다.

・パクさんは 私に 贈り物を くれました。

박씨는 나에게 선물을 주었습니다.

・同僚は 私の 妹に かわいい スリッパを くれました。

동료는 내 여동생에게 귀여운 슬리퍼를 주었습니다.

【79】 もらう 받다

내가 남으로부터 받을 때 또는 남이 남으로부터 받을 때 사용한다.

・私は イさんに(から) 贈り物を もらいました。

나는 이씨에게서 선물을 받았습니다.

・キムさんは 同僚に(から) かわいい スリッパを もらいました。

김씨는 동료에게서 귀여운 슬리퍼를 받았습니다.

【80】 差し上げる・くださる・いただく 드리다 / 주시다 / 받다

あげる・くれる・もらう의 경어표현이다.

・私は 先生に 花瓶を 差し上げました。

나는 선생님께 꽃병을 드렸습니다.

・課長(かちょう)は 私(わたし)に デパートの 商品券(しょうひんけん)を くださいました。

과장님은 저에게 백화점 상품권을 주셨습니다.

・私(わたし)は 市長(しちょう)に(から) 感謝状(かんしゃじょう)を いただきました。

저는 시장님에게서 감사장을 받았습니다.

【81】 ーば / なら ー면

뒷 문장이 성립되기 위한 필수적 조건을 나타낼 때 ーば를 쓴다. 단, 뒷 문장에 의지, 희망, 명령, 의뢰 등이 올 수 없다.

		기본형	ば형
동사	え단 + ば	勝(か)つ	勝(か)てば
		負(ま)ける	負(ま)ければ
		来(く)る	来(く)れば
		する	すれば
い형용사	어간 + ければ	正(ただ)しい	正(ただ)しければ
		いい・よい	よければ
な형용사	어간 + なら(ば)	好(す)きだ	好(す)きなら(ば)
		必要(ひつよう)だ	必要(ひつよう)なら(ば)
명사	명사 + なら(ば)	休(やす)み	休(やす)みなら(ば)
		大人(おとな)	大人(おとな)なら(ば)

【82】 ーために ー하기 위해서

・健康(けんこう)の ために、毎朝(まいあさ) 野菜(やさい)ジュースを 飲(の)んで います。

건강을 위해서 매일 아침 야채주스를 마시고 있습니다.

・パーティーを するために、部屋(へや)を きれいに 飾(かざ)りました。

파티를 하기 위해서 방을 예쁘게 장식했습니다.

【83】 ーそうだ

'~ㄹ 것 같다'는 뜻을 나타내는 양태의 조동사 **そうだ**는 동사의 **ます**형 및 **い**형용사・**な**형용사의 어간에 접속한다.

- ろうそくの 火(ひ)が 消(き)えそうです。

  촛불이 꺼질 것 같습니다.

- この 池(いけ)は とても 深(ふか)そうです。

  이 연못은 매우 깊은 것 같습니다.

- この かばんは 便利(べんり)そうです。

  이 가방은 편리한 것 같습니다.

예외 **いい・よい → よさそうだ / ない → なさそうだ**

【84】 ーそうな + 명사 ー할 것 같은 / ーㄹ 것 같은

- 雨(あめ)が 降(ふ)りそうな 天気(てんき)です。

  비가 올 것 같은 날씨입니다.

- 優(やさ)しそうな 先生(せんせい)です。

  상냥할 것 같은 선생님입니다.

- 丈夫(じょうぶ)そうな 糸(いと)です。

  튼튼할 것 같은 실입니다.

- 頭(あたま)が よさそうな 猫(ねこ)です。

  머리가 좋을 것 같은 고양이입니다.

【85】 ーそうに + 동사 ー하듯이 ー하다

- 眠(ねむ)そうに 座(すわ)って います。졸리듯이 앉아 있습니다.

- 面白(おもしろ)く なさそうに 見(み)て います。

  재미없다는 듯이 보고 있습니다.

【86】 동사 ます형 + そうに(も) ない

동사의 **ます**형에 연결되며 좀처럼 그렇게 될 것 같지 않을 때 쓰는 표현이다.

- 明日は 晴れそうに(も) ありません。

  내일은 (하늘이) 갤 것 같지(도) 않습니다.

- 会議は 始まりそうに(も) ありません。

  회의는 시작할 것 같지(도) 않습니다.

【87】 명사수식

명사 앞에 와서 명사의 뜻이나 내용을 상세하게 설명해 주는 것이 명사수식어이다.

명 사 :	休み	の だった じゃ ない じゃ なかった	+ 店
な형용사 :	好き	な だった じゃ ない じゃ なかった	+ 食べ物
い형용사 :	暑	い かった く ない く なかった	+ 日

동　사 :

勉強 する
した
しない
しなかった

＋ 学生

【88】 명사 + に する －로 하다

・私は ハンバーグに します。 나는 햄버그로 하겠습니다.

・お見舞いに 行くのは 明日に しましょう。 병문안 가는 것은 내일로 합시다.

【89】 명사 + しか － ない －밖에 －지 않다

しか 뒤에는 부정형이 온다.

・彼女は いつも ズボンしか はきません。 그녀는 항상 바지밖에 입지 않습니다.

・日本は 東京しか 行った ことが ありません。

일본은 도쿄밖에 간 적이 없습니다.

【90】 －ようだ

ようだ는 '~인 것 같다'라는 뜻으로 어떤 상황을 근거로 한 불확실한 추측을 의미한다. 양태의 '**そうだ**'는 명사나 동사의 과거형에 연결시킬 수 없지만 **ようだ**는 접속이 가능하다. 회화체에서는 주로 **みたい**를 사용한다. 접속방법은 다음과 같다.

명　사 :

風邪 の
だった
じゃ ない
じゃ なかった

＋ようだ

な형용사 :

便利(べんり) な	
だった	
じゃ ない	+ようだ
じゃ なかった	

い형용사 :

難(むずか)し い	
かった	
く ない	+ようだ
く なかった	

동　　사 :

食(た)べ る	
た	
ない	+ようだ
なかった	

【91】(まるで) 명사 + **の ようだ** 마치 ―인 것 같다

- 彼女(かのじょ)は スタイルが よくて まるで モデルの ようです。

  그녀는 스타일이 좋아서 마치 모델인 것 같습니다.

- この ロボットは まるで 本物(ほんもの)の 人間(にんげん)の ようです。

  이 로봇은 마치 진짜 인간인 것 같습니다.

【92】명사 + **の ような** ―와 같은

- 母(はは)の ような 女性(じょせい)に なりたいです。

  어머니와 같은 여성이 되고 싶습니다.

- この お茶(ちゃ)は 薬(くすり)の ような 味(あじ)が します。

  이 차는 약과 같은 맛이 납니다.

【93】 수동형: ーれる / ーられる

		기본형	수동형
1그룹 동사	あ단 + れる 예외 う → わ	書く	書かれる
		盗む	盗まれる
		写す	写される
		笑う	笑われる
2그룹 동사	る + られる	見る	見られる
		食べる	食べられる
3그룹 동사	―	来る	来られる
		心配する	心配される

【94】 명사に + 수동형 (직접수동)

先輩が 私を 呼びました。

↓

私は 先輩に 呼ばれました。

・私は 蚊に 刺されました。나는 모기에 물렸습니다.

・カンさんは 友だちに(から) 結婚式に 招待されました。(に의 중복을 피함)

강씨는 친구로부터 결혼식에 초대받았습니다.

【95】 명사に + 명사を + 수동형 (소유자 수동)

弟が 私の ケータイを 壊しました。

↓

私は 弟に ケータイを 壊されました。

- 私(わたし)は 知(し)らない 人(ひと)に 急(きゅう)に 背中(せなか)を たたかれました。(신체 일부)

  모르는 사람이 갑자기 내 등을 때렸습니다.

- 私(わたし)は 先生(せんせい)に 息子(むすこ)を ほめられました。(자녀)

  선생님이 내 아들을 칭찬했습니다.

【96】 사역형: ーせる / ーさせる

사역형이란 다른 사람에게 '―시키다 / ―하게 하다'라는 뜻을 나타낸다.

		기본형	사역형
1그룹 동사	あ단 + せる 예외 う → わ	消(け)す	消(け)させる
		選(えら)ぶ	選(えら)ばせる
		怒(おこ)る	怒(おこ)らせる
		通(かよ)う	通(かよ)わせる
2그룹 동사	~~る~~ + させる	着(き)る	着(き)させる
		片付(かたづ)ける	片付(かたづ)けさせる
3그룹 동사	―	来(く)る	来(こ)させる
		連絡(れんらく)する	連絡(れんらく)させる

【97】 명사に + 사역형

지시를 받는 직접적인 대상을 조사 を로 나타낸다.

生徒(せいと)が 立(た)ちます。 ↓ ↓ 先生(せんせい)が 生徒(せいと)を 立(た)たせます。

- コーチは 選手(せんしゅ)を 走(はし)らせます。

  코치는 선수를 달리게 합니다.

・上司は 部下を すぐ 帰らせました。

상사는 부하를 바로 돌아가게 했습니다.

【98】 명사に + 명사を + 사역형

지시를 받는 직접적인 대상을 조사 に로, 구체적인 지시 내용을 を로 나타낸다.

学生が 答えを 言います。

↓ ↓ ↓

教師が 学生に 答えを 言わせます。

・先輩は 後輩に ボールを 打たせます。

선배는 후배에게 공을 치게 했습니다.

・店長は 店員に 窓を 拭かせました。

점장은 점원에게 창문을 닦게 했습니다.

【99】 의지형

		기본형	의지형
1그룹 동사	お단 + う	泳ぐ	泳ごう
		飲む	飲もう
		乗る	乗ろう
		会う	会おう
2그룹 동사	~~る~~ + よう	起きる	起きよう
		寝る	寝よう
3그룹 동사	—	来る	来よう
		運動する	運動しよう

【100】 의지형 + **と思う** −려고 생각한다

・大学を 卒業したら、大学院に 進もうと 思います。

대학을 졸업하면 대학원에 진학하려고 생각합니다.

・今晩、旅行の 計画を 立てようと 思います。

오늘 밤 여행 계획을 세우려고 생각합니다.

【101】 기본형 + **つもりだ** −할 생각(작정)이다

・来週まで 彼女の 返事を 待つつもりです。

다음 주까지 그녀의 대답을 기다릴 생각입니다.

・12月に 日本語の 試験を 受けるつもりです。

12월에 일본어 시험을 볼 생각입니다.

【102】 기본형 + **予定だ** −할 예정이다

・札幌に 行って 雪祭りを 見る 予定です。

삿포로에 가서 눈축제를 볼 예정입니다.

・明日は 朝 7時に 出発する 予定です。

내일은 아침 7시에 출발할 예정입니다.

【103】 −**ので** −이므로, −이기 때문에

명　　사 :	学生 な だった じゃ ない じゃ なかった	+ ので

な형용사 : + ので

暇(ひま) な
だった
じゃ ない
じゃ なかった

い형용사 : + ので

安(やす) い
かった
く ない
く なかった

동 사 : + ので

練習(れんしゅう) する
した
しない
しなかった

【104】 ーのに ー인데도, ー임에도(불구하고)

ーので용법과 연결방법이 같다.

- 日曜日(にちようび)だったのに、人(ひと)は ほとんど いませんでした。

  일요일인데도 사람은 거의 없었습니다.

- 彼女(かのじょ)は きれいなのに、彼氏(かれし)が いません。

  그녀는 예쁜데도 남자친구가 없습니다.

- 今日(きょう)は 寒(さむ)かったのに、上着(うわぎ)を 着(き)ませんでした。

  오늘은 추웠는데도 겉옷을 입지 않았습니다.

- 忘(わす)れ物(もの)を したのに、叱(しか)られませんでした。

  물건을 놓고 왔는데도 혼나지 않았습니다.

부록

【105】 보통형 + し －하고 －하고(해서)

· この カメラは 軽(かる)いし、使(つか)い方(かた)も 簡単(かんたん)だし、値段(ねだん)も 安(やす)いです。

이 카메라는 가볍고 사용법도 간단하고 가격도 쌉니다.

· 今日(きょう)は 日曜日(にちようび)だし、約束(やくそく)も ないし、出(で)かけたく ありません。

오늘은 일요일이고 약속도 없어서 나가고 싶지 않습니다.

이시윤(李施昀)/舊名李一淑

일본오차노미즈여자대학 석사 및 박사(비교문화학박사)
현 성결대학교 동아시아물류학부 교수

임태균(任苔均)

니혼대학 석사(국제관계학)
오사카대학 박사(비교문학)
현 성결대학교 동아시아물류학부 교수

아이자와 유카(相澤由佳)

고려대학교 교육대학원 일어교육전공 석사(교육학)
고려대학교 일어일문학과 박사과정 수료
현 성결대학교 동아시아물류학부 조교수

레벨업 일본어 ❷

초판 1쇄 발행 _ 2018년 8월 20일

저 자 • 이시윤 · 임태균 · 아이자와 유카
발 행 인 • 정 현 걸
발 행 • 신 아 사
인 쇄 • 토탈프로세스
출판등록 • 1956년 1월 5일 (제9-52호)
주 소 • 서울특별시 은평구 통일로 59길 4
전 화 • 02)382-6411 · 팩스 02)382-6401
홈페이지 • www.shinasa.co.kr
E-MAIL • shinasa@daum.net

ISBN 978-89-8396-286-7 (93730)

정가 *16,000*원